De la responsabilité et du développement du Centrafrique

Pour plus de responsabilisation des centrafricains

Points de vue
Collection dirigée par Denis Pryen

Dernières parutions

SHANDA TONME, *Femme, maternité et préjudices sociétaux. Anthropologie des souffrances féminines. Segments d'autobiographie*, 2018.

Clotaire SAULET SURUNGBA, *La centrafricanité, antidote à la crise*, 2018.

Jean Clair MATONDO, *Congo. Toujours les mêmes*, 2018.

SHANDA TONME, SINDJOUN POKAM, Thomas TCHATCHOUA & Anselme NZOKO, *L'Université des Montagnes poursuit son chemin*, 2018.

SHANDA TONME, *L'obsession du complot bamiléké. Ma rencontre avec Jean Fochivé. Mémoire des années de braise au Cameroun. Fragments d'autobiographie politique*, 2018.

Salah EL GHARBI, *La « Cause palestinienne », cette malédiction arabe*, 2018.

Venant Fali NGALIKPIMA, *Cinquante-six ans après, que reste-t-il de Patrice Emery Lumumba ?*, 2017.

Flory E. KABONGO KAPENDA, L'échec du paradigme de l'État moderne en RDC Le projet d'un pacte social, 2017.

Augustin RAMAZANI BISHWENDE, *La démocratie doit s'inventer en Afrique*, 2017.

Augustin RAMAZANI BISHWENDE, *Le Kivu balkanisé, Miroir d'une mondialisation mafieuse*, 2017.

Paulin HOUNSOUNON-TOLIN, *Droits de l'homme et droits de la femme, Regard historique, philosophique et politique ou évidence d'une secondarité, Nouvelle édition*, 2017.

Alphonse NDJATE OMANYONDO N'KOY, *L'audace congolaise. Perspectives à partir de l'élection de 2006 en RDC*, 2017.

Laurent LWANGA FALAY, *La pensée du philosophe Kä Mana. Redynamiser l'imaginaire africain*, 2017.

Noël Bertrand BOUNDZANGA, *Le Gabon, une démocratie meurtrière*, 2016.

Julien Junior KOVOCKOUA

De la responsabilité et du développement du Centrafrique

Pour plus de responsabilisation des centrafricains

© L'Harmattan, 2019
5-7, rue de l'Ecole-Polytechnique, 75005 Paris

www.editions-harmattan.fr

ISBN : 978-2-343-16110-5
EAN : 9782343161105

A Mes défunts parents

A Julien Kovockoua (Djomo) et Pauline Koyangué

Sommaire

Préface 11
Remerciements 13
Introduction 15

Première partie approche définitionnelle

Chapitre I
La responsabilité 21

Chapitre II
Le développement 33

**Deuxième partie
Présentation du Centrafrique
et analyse critique de la situation actuelle**

Chapitre I
Vie politique 61

Chapitre II
L'économie centrafricaine 71

**Troisième partie
De la responsabilité des Centrafricains**

Chapitre I
La responsabilité des acteurs politiques 81

Chapitre II
La nécessité de l'éducation civique 89

Conclusion 101
Bibliographie... 107
Table des matières... 111

Préface

Elles sont nombreuses les fois où l'auteur de ce livre me proposait de lui rédiger la préface, et, à chaque fois, je déclinais l'invitation sous bien des prétextes jugés suffisamment valables. Certes, lorsque, finalement, j'acceptai, j'étais conforté dans l'idée qu'il n'y avait pas matière à ajouter ou à défendre quoi qui en valût la peine tant le livre parlait de lui-même. Cependant, je n'aurais pas désiré fouler au pied une valeur essentielle et freiner, du moins venir à la traverse d'un projet, d'une ambition découverts au travers d'échanges profonds eus souventes fois avec lui.

Car, intellectuel au sens sartrien du terme, l'auteur est mû par le devenir de la société. Il pose les jalons de l'édification d'une société renouvelée, dans une terre de « *cocagne où coulent le lait et le miel* », par l'entremise d'une analyse somme toute circonstanciée de l'origine de la conjoncture actuelle en République centrafricaine. Tout citoyen de ce pays se voit interpeller par lui.

Dans l'hypothèse où l'auteur de *Batouala* eût transcendé son imagination et l'eût modifiée en écrivant avec la plus vive sincérité que les nègres de l'Afrique équatoriale étaient irréfléchis, foncièrement dépourvus d'intelligence ; que l'exploitation, par les autres, de leurs ressources rendait raison de leur dénuement et de leur misère, l'Afrique eût crié au scandale et à la trahison. Pour autant, il est à craindre, aux yeux de Julien Junior KOVOCKOUA, que les comportements des Centrafricains depuis les soleils des indépendances, lui eussent donné raison.

Que n'avons-nous assisté à une mobilisation générale en vue de tirer ce pays béni par Dieu vers l'émergence et le « *développement intégral* ». Maudit par les hommes, digne d'être comparé aux écuries d'Augias, pour le moins république bananière, il nage dans la déliquescence, la dépravation et la corruption de tous genres. Les hommes d'Etat, les dirigeants se refusent à être responsables de leurs concitoyens, préfèrent l'être devant eux. Animés d'une mauvaise volonté, ils font preuve de despotisme, de népotisme, d'intempérance, d'immodération et de boulimie ; ils usent de la démagogie ou ploient sous le diktat d'une sorte de nouvel espéranto qu'est la communication, sont manipulés à dessein ou inconsciemment. Le peuple, quant à lui, semble n'en pouvoir, mais. Fuyant sa responsabilité, il se morfond dans une compromission, une complaisance et une indolence coupables.

C'est à ce compte-là que les solutions envisagées par notre auteur trouvent toute leur pertinence. Le style est plaisant, la langue résolument recherchée. On lui reprocherait sans doute de prêter le flanc de temps en temps. Qu'à cela ne tienne. Le livre est parti pour se diluer dans la richesse des contributions et recherches qui font une part importante des crises qui secouent le monde. Il reste à souhaiter que le lecteur y trouve bien son compte pour que le combat porté par Julien Junior ne soit pas un baroud d'honneur ou que ses solutions ne tombent dans le lac.

Stéphane FAYE
Professeur de Lettres

Remerciements

Je remercie tous mes parents et connaissances dont les prières et les conseils m'ont permis de transcender les impasses quotidiennes.

Je suis sensible, avec déférence, à la bienveillance de tous ceux qui, d'une manière ou d'une autre, ont édifié mon être spirituel et intellectuel. Je pense notamment aux frères capucins de la vice-province Centrafrique-Tchad, aux prêtres et aux professeurs qui m'ont formé durant mon parcours au séminaire capucin de la Yolé à Bouar, au grand séminaire saint Marc de Bangui (RCA), à l'Université Dakar Bourguiba et à l'Institut Supérieur de Management de Dakar.

J'exprime aussi ma gratitude aux frères de la communauté Sacré-Cœur du Sénégal. Ma pensée va à l'endroit du Révérend Frère Luc Brunette, l'ancien Directeur des Cours Sacré-Cœur (CSC) de Dakar qui m'avait fait l'honneur, non seulement de me responsabiliser en me permettant de dispenser quelques heures de cours d'Ethique et de Religion dans ce prestigieux établissement, mais aussi de me soutenir avec disponibilité et amitié dans mes orientations. Je remercie également son successeur le Révérend Frère Jean Marie Sambou qui est venu renouveler cette confiance.

Témoin de ce livre à l'état naissant, M. Stéphane Faye, Docteur ès Lettres Classiques, Professeur à l'Université Cheikh Anta Diop de Dakar, dans un pourparler fécond et permanent, inspira certains passages à travers une interrogation et un encouragement hardis. Ayant beaucoup appris par lui, je lui en sais gré.

Les encouragements, l'amitié et le dévouement à travers des relectures et des discussions m'ont été d'un grand secours et qu'il me soit ici permis de remercier les Pères Vincenzo Abbatinali, Jacques Siakam, Jean Miguina, et Toussaint Zoumaldé, M. Jean Pierre Rédjéka, Proviseur adjoint à l'académie de Rouen et président de la ligue pour l'éducation, les sciences et la culture-RCA,

Mlle Marie Jeanne Thiakane, secrétaire au CSC, Messieurs Louis Marie Sène, Emmanuel Sossah, Joseph Anane, Joseph Gaston Diédhiou, Joseph Coly Diouf, Aimé Biagui, Bruno Peace, Léopold Diouf, Jean Gomis et tout le personnel administratif et enseignant du CSC de Dakar.

Je remercie enfin mes amis et ma famille : Familles Kovockoua, Pengazoyen, Sabo, Gbanziavo, Gbomoyadé et Ondoma ; Helvice Kamayen-Wode, Emmanuel Gbonguia, Éric Gueumekane Bila et Son épouse Nadia, Nina Goba, Tatiana Fébéléna, Rodrigue Omonoma, Naïm Kaélin Zamane, Tranquilin Mokosso, Ronald Kradjeyo, Richard Yérima, Mathias Sène, Madina Mibson Ouedraogo, Raïssa Ndengou, Mariam Ouattara, Eva Vondo et Françoise Rambaut.

Introduction

Les réalités présentes mettent en exergue le péril des États africains après leurs indépendances politiques : les guerres fratricides au Mali, au Congo Démocratique, au Soudan, en Centrafrique, le Sida, la famine, la délinquance juvénile, la fuite des cerveaux, les vagues d'immigrations clandestines, le taux de mortalité infantile élevé, la faible expérience de vie, l'instabilité politique sont l'expression d'un malaise grandissant en Afrique.

Cette situation de crise multisectorielle et de sous-développement a poussé bien des chercheurs à s'interroger sur les diverses voies à explorer pour hâter l'avènement des sociétés africaines nouvelles, libres, indépendantes et prospères débarrassées de l'injustice sociale, de la domination et de l'exploitation séculaires de l'impérialisme international. Bref, il s'agit d'édifier une Afrique où la joie de bien vivre serait partagée par tous ses fils et filles.

Depuis quelques décennies, cette question hante aussi les esprits de beaucoup de philosophes et juristes africains. Il suffit d'évoquer les travaux de Fabien EBOUSSI BOULAGA[1], E. NJOH MOUELLE[2], Marcien TOWA[3],

---

[1] F. E. Boulaga, *La crise de Muntu,* Authenticité Africaine et Philosophie, Edit. Présence Africaine, Paris, 1977.
[2] E. Njoh-Mouellé, *Jalon II*, l'Africanisme aujourd'hui, Editions clé, Yaoundé, 1975.
[3] M. Towa, *Essai sur la problématique philosophique dans l'Afrique actuelle*, Editions clé, Yaoundé, 1979.

Jean Paul NGOUPANDE[4], Abdoulaye WADE[5] et de nombreux autres qui, d'une manière ou d'une autre, se sont intéressés à cette problématique.

Malgré la pertinence des opinions des uns et des autres, il me semble opportun de revenir sur la question, afin de l'aborder à partir d'un nouveau regard. En effet, dans ce contexte de crise alarmante qui affecte les pays africains, l'on peut se poser les questions suivantes : pourquoi en est-on arrivé à ce niveau ? Quelles pistes emprunter pour sortir de cet imbroglio en vue d'accéder au développement authentique ? Qu'est-ce qui entrave jusqu'ici le processus de développement en Afrique ?

Il n'est pas du tout aisé de répondre exhaustivement à de telles interrogations, car il y a beaucoup de paramètres qu'il faut considérer. Au-delà de certaines réalités que nous pouvons avoir en commun, chaque pays a sa spécificité, ses réalités qui lui sont propres en raison de diversités culturelle, climatique, etc. C'est pourquoi, je préfère me limiter au cas de mon pays, la République Centrafricaine, en orientant mes cogitations sur la notion de **Responsabilité** qui, à mon sens, s'avère comme un facteur essentiel du développement de l'Afrique en général et en particulier du Centrafrique. Pour moi, il est évident qu'il existe un lien étroit entre certains de nos comportements irresponsables et l'extrême crise que traverse aujourd'hui notre pays.

La présente réflexion, à travers sa méthode analytique et critique, va me permettre d'expliquer que le pays doit désormais apprendre à se prendre en charge, et que cela passe d'abord par la bonne gestion de ses finances publiques

---

[4] Jean Paul Ngoupandé, *Racines historiques et culturelles de la crise africaine*, AD Edition Abidjan et Edition du Pharaon, Cotonou, 1994.
[5] Abdoulaye Wade, *Un destin pour l'Afrique*, Paris, Edit. Michel Lafon, Paris, 2006.

résultant d'un changement de mentalité et de comportements du peuple centrafricain.

Pour ce faire, j'articulerai ma réflexion en trois grandes parties. Dans la première partie, je tâcherai de cerner les concepts de responsabilité et de développement. Dans la deuxième, je vais sommairement présenter le Centrafrique avant de faire une analyse critique de sa situation actuelle. Enfin, dans la troisième partie, j'examinerai quelques conditions générales que doit remplir chaque Centrafricain (par rapport à son savoir-faire et son savoir-être) afin de jouer pleinement son rôle social dans un pays en proie à la maladie, à la faim, à la misère, à la corruption, à l'injustice, au vol, aux exactions de tout acabit, à l'impunité et à la culture de la médiocrité.

Première partie
approche définitionnelle

Chapitre I
La responsabilité

1. Essai de définition

Du verbe latin « ***spondere*** » : promettre, s'engager solennellement, se porter garant de, apparenté à « σπενσιο » (spensio) qui veut dire promesse, le substantif responsabilité renvoie étymologiquement à une idée de devoir, « assumer ses promesses »[6]. C'est un engagement sans faille, une forme d'obligation qui incombe à un individu d'assurer le bon accomplissement d'une tâche ou le contrôle d'une situation et d'en assurer les suites. Dans son usage courant et juridique, le terme désigne le caractère ou la situation de celui qui peut être appelé à « répondre » d'un « fait », à en être « caution », à s'en porter « garant ». C'est dans cet ordre d'idée que l'on parle de responsabilité pénale (obligation de répondre des infractions, violations de la loi pénale que l'on commet) et de responsabilité civile (obligation de répondre des dommages que l'on cause à autrui).

Vue sous cet angle, la responsabilité fait penser au fait d'être tenu de répondre devant un tribunal, devant une autorité sociale. Ainsi, la société s'en porte garante ; elle ne manquera pas de sanctionner les actes dont elle tient un individu pour responsable (il est susceptible de payer une amende ou pourrait encourir une peine de prison s'il a

---

[6] Cf. *Le Grand Gaffiot, Dictionnaire Latin-Français,* Hachette-Livre, Paris, 2000, p. 1491.

désobéi à la loi). Le terme signifie ici l'obligation pour une personne de réparer, dans une mesure et sous une forme déterminée par la loi, le dommage qu'elle a causé à autrui.

L'ancien Code civil français en son article 1383 dit à cet effet que « *chacun est responsable du dommage qu'il a causé non seulement par son fait, mais par sa négligence ou son imprudence* »[7]. Abondant dans le même sens, le législateur sénégalais stipule qu'« *on est responsable non seulement du dommage qu'on cause par son propre fait, mais encore de celui qui est causé par le fait des personnes dont on doit répondre* » (enfants mineurs, domestiques, employés, élèves, apprentis…) ou « *encore des choses que l'on a sous sa garde*[8]. » Il s'agit, par exemple, des dommages causés par les animaux, par la ruine d'un bâtiment mal entretenu, etc.

Cependant, il faut souligner qu'on ne sanctionne pas non seulement pour réprimer, mais également pour encourager. Les récompenses sont, elles aussi, des sanctions. On peut recevoir la Légion d'honneur ou le Mérite agricole si on a bien assumé son devoir social, c'est-à-dire si on a bien servi la société.

Le sens éthique ou moral du terme renvoie, quant à lui, à un concept impliquant le sujet dans son rapport à lui-même, en tant qu'il doit répondre de ses actes devant sa propre conscience. On est moralement responsable lorsqu'on se reconnait l'auteur de ses actes. A cet effet, on doit répondre

---

[7] Avec la réforme du droit des obligations entrée en vigueur le 1er octobre 2016, cet article s'est fendu en article 1241. Il s'agit en effet de la responsabilité quasi-délictuelle. Ici, la faute à l'origine du dommage est involontaire, causée par une négligence ou une imprudence de son auteur.

[8] Voir le code sénégalais des obligations civiles et commerciales (cocc) article 142 et aussi l'ancien code civil français articles 1383-1384 (1241-1242 nouveau)

de ses actes en son « for intérieur », c'est-à-dire devant le tribunal intime de sa conscience.

Si on estime avoir commis une faute, avoir désobéi à la loi morale, on se fera des reproches, on éprouvera un sentiment de remords. Par contre, on ressentirait de la fierté au cas où on se serait bien conduit. Ainsi, fierté et remords apparaissent en quelque sorte comme sanctions intérieures purement morales.

Par ailleurs, la connotation philosophique de ce terme fait allusion à la prise en charge d'une décision, d'une action : on se reconnait responsable de tel acte qu'on a posé, de telle décision qu'on a prise ; on aurait pu faire autrement. On impute à soi cette décision et cet acte. De même, on engage sa liberté dans l'acte qu'on pose présentement et on en assume, jusqu'à un certain point, les conséquences. Ainsi, en philosophie, est dit « responsable », quelqu'un qui est en mesure de s'interroger sur la réalité profonde des actes avant de les poser. Agir en toute responsabilité est donc agir en toute connaissance de cause. Un homme responsable est celui-là qui est capable d'assumer son propre dépassement, qui se connait (ses forces et ses limites), d'où ce fameux « *connais-toi, toi-même* »[9] qui guidait la réflexion de Socrate que l'on considère comme « père » de la philosophie. Au fond, cette connaissance de soi rime avec la quête perpétuelle

---

[9] Cette citation, qui constituait la pièce maitresse de la pensée socratique était, un conseil sculpté sur l'architrave du temple de Delphes. Pour le Grec, elle signifie : « *sache que tu n'es pas dieu et ne commets pas la faute de prétendre le devenir* »; pour Socrate, cela devient : « *connais la place de ton âme dans le cosmos en même temps que l'ordre de celui-ci. Il n'y a qu'une connaissance, et c'est pourquoi elle unifie* » (Cf. Christian Ruby, *Histoire de la philosophie*, Editions La Découverte, Paris, 2004, p. 7.). Il nous invite ainsi, à savoir prendre le temps de nous interroger, savoir pourquoi nous entreprenons telle chose, toujours questionner, être exigeant, au risque de notre vie.

des grandes valeurs dont la Justice, le Bien, la Vérité, l'Unité, la Liberté pour ne citer que celles-là. Le philosophe est celui-là qui cherche à devenir responsable. Et pour y parvenir, il faut être exigeant vis-à-vis de soi-même et vis-à-vis des autres. Un responsable, selon les philosophes, ne doit pas se contenter de l'à-peu-près, ni de se satisfaire allégrement de la médiocrité. C'est ce que Platon a voulu démontrer à travers son célèbre mythe de « *l'Allégorie de la Caverne* ». En philosophie, la responsabilité est un concept qui désigne la volonté, l'effort personnel, la capacité de créer le présent par soi-même. Quand on est dit responsable, on est supposé avoir une certaine maturité d'esprit. Comme l'a dit Socrate, cette maturité passe nécessairement par le truchement de l'éducation. Celle-ci comporte un but pratique déterminé : l'autonomie de l'individu, qui inclut essentiellement la faculté d'être responsable.

La conception négro-africaine du terme n'est pas loin de la connotation philosophique. En effet, dans le monde bantou, toute personne appelée à exercer une autorité sur une portion de la communauté devait faire preuve de maturité et de sagesse acquises par une série d'initiations. Un responsable à l'époque précoloniale était un sage, c'est-à-dire quelqu'un qui était mature, plein d'expérience et de savoir, capable de faire un jugement objectif. C'était quelqu'un d'attentionné, avec un sens élevé du « vivre ensemble » et de la cohésion sociale, prêt à se battre pour sa communauté ; quelqu'un dévoué au service de son peuple et de sa communauté. Il avait pour devoir de veiller sur les membres de la communauté sans distinction. Il exerçait tous les pouvoirs importants, politiques, judiciaires, administratifs, militaires, spirituels… au nom des ancêtres, et pour l'intérêt de toute la communauté[10].

Un rapprochement entre les trois conceptions (juridique, philosophique et traditionnelle) montre qu'elles visent toutes les trois le bien-être, l'intérêt général et le sort de la communauté tout entière. Cela nous amène à dire qu'outre son emploi dans le contexte de l'imputabilité, le terme « responsabilité » se réfère également à des devoirs ou obligations liés à un statut. En effet, lorsqu'une personne occupe un rôle social ou une fonction (parent, mandataire politique, pilote d'avion, etc.), elle est dite responsable du bien-être des personnes ou de l'exécution des tâches dont elle a la charge. A cet effet, elle doit se conformer aux devoirs et obligations liés à son statut (y comprise l'obligation d'agir de manière « responsable », c'est-à-dire de façon raisonnable et prudente). C'est cette conception que Jonas Hans a longuement développée dans son ouvrage intitulé *Le principe de responsabilité*[11].

Selon Hans, la responsabilité est engagée envers les autres, et pour le futur, en dépit de son imprévisibilité : en décidant de mettre au monde un enfant, les parents s'engagent à faire en sorte qu'il puisse accéder à l'autonomie de l'adulte et, affranchi, participer de plein droit à la vie de sa communauté d'appartenance. De même, l'expérience de l'homme d'Etat comprend cette responsabilité donnée, responsabilité directement assumée dans la décision présente engageant l'avenir commun[12].

---

[10] Cf. *Les Bantus-Afrique : Histoire, Economie et Politique.* Travail conçu et réalisé par Olivier Bain ; tiré de l'oubli Toilette et remis en ligne par Jean Marc LIOTIER
[11] Jonas Hans, *Le principe de responsabilité*, Cerf, Paris, 1990.
[12] *Ibid,* p.31-54.

Me situant dans le sillage de la pensée de Hans, je peux d'ores et déjà affirmer que l'avenir d'un pays et celui de la vie de sa population est lié à la responsabilité de chaque fille et fils de ce pays. Chacun est responsable de demain. On est responsable tous ensemble, quoique de façon différenciée et dans l'articulation d'apports complémentaires. Tout le monde est appelé à œuvrer activement pour le bon fonctionnement de sa communauté d'appartenance. Donc cette responsabilité peut être individuelle ou collective.

2. Fondement métaphysique de la responsabilité

Après avoir analysé de diverses manières la notion de responsabilité, il m'incombe maintenant de m'attarder quelque peu sur la thèse de son fondement métaphysique. En d'autres termes, il est temps d'aborder ici la question de son essence.

Parler du « *fondement métaphysique* » d'une chose, d'un fait ou d'un concept, c'est aborder la question de son principe premier, autrement dit son élément fondamental. C'est dépasser toutes les considérations particulières pour traiter le problème de fond de quelque chose : ce qui est d'ordre universel ; c'est la question de sa substance. Alors, que pouvons-nous dire du fondement métaphysique du concept « *responsabilité* » ?

D'emblée, il faut noter qu'on est ici en présence d'un concept dont le fondement est purement divin. De ce fait, le premier point que nous devons examiner est donc la définition de responsabilité comme « *principe divin* ». Nous disons d'abord de la responsabilité qu'elle est une institution divine. En effet, Dieu, l'« ***Ipsum Esse subsistens*** »[13], le

---

[13] Cf. Saint Thomas, *Somme théologique*, Question 3, art. 4 : *l'essence et l'existence en Dieu*. Edition numérique : Bibliothèque de l'édition du Cerf, Paris, 1984.

Principe des principes, Cause efficiente de toute existence (pour reprendre ainsi les termes de Saint Thomas d'Aquin), ou le « *Créateur de l'univers* » comme nous l'enseignent les Livres Saints (Bible, Coran, Tora), est Lui-même le fondement de cette notion de responsabilité. C'est Lui le premier « acteur » ou « sujet » de la responsabilité. Etant la substance première d'où dérive toute chose, il Lui incombe ipso facto de tout coordonner et de tout garantir. L'homme, doté de raison et d'intelligence, créé à l'« *Image de Dieu* », le premier responsable de l'univers, a reçu de la part de Celui-ci des instructions pour garantir et perpétuer l'œuvre de la création. La responsabilité humaine est donc un acte de coopération à la responsabilité divine.

En réalité, la responsabilité est une notion dont le sens ne peut être saisi que par l'être humain. On ne peut parler d'elle sans l'attacher à celui-ci, car il est le seul et l'unique être vivant à pouvoir poser un acte, en apporter un jugement et en mesurer les conséquences. Cela fait de lui l'unique acteur de la responsabilité. En d'autres termes, l'homme est le seul, capable de garder la fin des autres êtres vivants. Sujet de responsabilité, il en est également l'objet, car il est un « *être de besoin* », mais aussi à cause du caractère précaire et vulnérable de tout être vivant dont il ne fait l'exception. En effet, dès sa naissance, l'homme est un objet de responsabilité et quand il devient adulte, il est naturellement appelé à en être sujet. Car en cette période de la vie, on est plus ou moins mature et autonome alors responsable. Au fait, le concept de responsabilité implique celui du devoir et est incorporé à la définition de l'homme, c'est-à-dire qu'elle fait partie de l'être de l'homme. C'est ainsi que Jonas Hans affirme qu'« *un devoir est contenu très concrètement dans l'être de l'homme existant ; sa qualité de sujet capable de causalité comme telle entraîne l'obligation objective sous forme de responsabilité externe*[14]. » Ce primat de la parenté « sujet-objet » dans la relation de responsabilité est inscrit irrévocablement dans la nature des choses. Il veut dire, entre autres, que la relation, quelle qu'en soit l'unilatéralité en soi dans chaque cas particulier, est pourtant réversible et inclut la réciprocité possible. Et même du point de vue générique, la réciprocité est toujours là pour autant que moi, qui suis responsable pour quelqu'un, appartenant à une société, je suis à chaque fois l'objet de la responsabilité de quelqu'un. Cela découle de la non-autarcie de l'homme.

Si l'on suit logiquement la pensée de Hans, force serait de constater que deux dimensions de responsabilité se détachent à savoir : la responsabilité parentale et celle de l'« *homme d'Etat* »[15] qui ont en commun certaines propriétés dans lesquelles l'essence de la responsabilité se présente de la manière la plus complète et qui les placent avant toutes les autres. Je passe en revue ces propriétés. En premier lieu, je peux mentionner le concept « *totalité* ». En effet, ces deux types de responsabilité enveloppent l'être total de leurs objets, c'est-à-dire tous les aspects de ceux-ci, allant de la simple existence, jusqu'aux intérêts les plus élevés (le corporel, et tout ce qui tombe sous l'éducation prise dans tous sens : les aptitudes, les relations, le comportement, le caractère, le savoir, dont la formation doit être surveillée et encouragée). En un mot, le pur être comme tel et ensuite le meilleur être de ces êtres doit constituer le vrai souci parental et celui du véritable « **homo politicus** ». Ensuite, le second terme à retenir est celui de la « *continuité* ». Au fond, si la vie de l'objet se poursuit sans s'interrompre, et qu'elle réengendre ses requêtes d'un instant à l'autre, ni la charge parentale, ni celle du gouvernement ne

---

[14] Jonas Hans, op. Cit, p. 194.
[15] Le terme « *Homme d'Etat* » peut aussi être remplacé par « *l'équipe gouvernementale* ».

doivent prendre des vacances. Ces deux responsabilités doivent avoir pour préoccupation lors de chaque occasion particulière de leur actualisation, la continuité de l'existence elle-même dont on s'occupe. Comme l'a mentionné Hans, la responsabilité totale doit en effet toujours demander : « *Qu'est-ce qui vient après ? A quoi cela mènera-t-il ?* » Et en même temps aussi : « *Qu'est-ce qui venait avant ? Comment ce qui arrive maintenant s'unit-il à l'ensemble de l'être devenu de cette existence ?* » Bref la responsabilité doit précéder historiquement, c'est-à-dire saisir son objet dans son historicité. C'est de là que découle le véritable sens de l'élément continuité. L'idéal est de préserver une identité qui est une partie intégrante de la responsabilité collective.

Enfin, le troisième et le dernier élément commun est le concept « *avenir* ». En réalité, la responsabilité implique l'idée de l'évolution et l'issue de la cause dont on a assumé la charge. Cela vaut pour n'importe quelle responsabilité, même la plus particulière. Autant pour dire que l'avenir de l'existence entière, par-delà l'influence directe du responsable et, *ipso facto*, par-delà la possibilité d'un calcul concret, est un objet complémentaire de tous les actes individuels de la responsabilité qui à chaque fois se soucient de l'immédiat le plus proche.

D'après Hans, ces deux responsabilités sont évoquées comme d'éminents paradigmes qui doivent guider l'élaboration d'une théorie de la responsabilité parce que l'enfant, le nourrisson, en son évidence archétypique peut permettre de cerner l'essence même de la responsabilité. A ce propos, il disait : « *Le devoir qui se manifeste dans le nourrisson possède-t-il une évidence indubitable, une concrétude et une urgence. La facticité extrême de l'être-tel, le droit et le plus extrême à cette facticité et l'extrême fragilité de l'être coïncident ici. En lui se manifeste de façon exemplaire que le lieu de la responsabilité est l'être plongé dans le devenir, livré au caractère périssable et menacé de périr...* »[16]. Prenant appui sur cette conception, je peux donc dire à sa suite que l'essence de la responsabilité se présente complètement dans les concepts « *totalité* », « *continuité* » et « *avenir* ».

Pour clore ce volet de ma réflexion, je dirais que la notion de responsabilité est une notion pluridimensionnelle. Elle peut être employée pour faire allusion aux imputations causales des actes commis et donc à l'idée de la compensation juridique (réparation du dommage commis ou subi), et celle du rétablissement de l'ordre moral perturbé (punir un acte immoral). Cela implique certaines notions telles Justice, Paix, Amour, et Respect du droit du prochain. Par ailleurs, la responsabilité a également le sens du devoir, de l'obligation : c'est la responsabilité de ce qui est à faire. Ici, l'homme doit se sentir responsable, non en premier lieu de son comportement et de ses conséquences, mais de la chose qui revendique son agir.

Ainsi, par responsabilité, j'entends autonomie, sens de jugement, esprit critique, travail, rationalité, abnégation et toutes les autres vertus. Et comme disait Hegel, « *le signe de la haute destination absolue de l'homme c'est de savoir ce qui est bien et ce qui est mal, de vouloir soit le bien soit le mal, en un mot d'être responsable-responsable-non seulement du mal, mais aussi du bien, non seulement de ceci, de cela, de tout ce qu'il est et tout ce qu'il fait, mais aussi du bien et mal qui incombent à son libre arbitre* »[17]. Cette notion n'apparaît qu'aux yeux de l'esprit pensant qui a l'aptitude de donner sens à sa vie et sa conduite. A ce titre, justement, en Afrique, l'homme est défini généralement comme un « être-vie ». Son bonheur est de vivre et de faire

---

[16] Jonas Hans, *op. cit., p. 259.*
[17] Hegel, *La raison dans l'histoire*, éditions 10/18, Paris, 1998, p. 131.

rayonner la vie. Et cette vie est un tout économique, social et spirituel.

Mais si la responsabilité est une notion inhérente à l'homme, c'est à travers l'éducation et la confiance qu'on peut cultiver le sens de ce qui est à faire. L'ultime objet de la responsabilité est le maintien des rapports de confiance comme tels, sur lesquels reposent la société et le vivre ensemble des humains : et cela est un bien substantiel, comportant sa propre force d'obligation.

Après cette analyse que je viens de faire sur la notion de responsabilité, je m'en vais maintenant orienter ma réflexion sur le concept « développement » en examinant son contenu et les modalités de sa mise en œuvre pour pouvoir faire un rapprochement entre les deux notions.

Chapitre II
Le développement

1. Ce qu'est le développement

La question du « développement » est une préoccupation existentielle pour tous les êtres humains. C'est une notion commune, familiale, tant il est vrai qu'aussi bien les enfants que les adultes, les analphabètes que les intellectuels, tous en savent quelque chose. Selon la pensée courante, le développement se définit exhaustivement par la croissance, l'essor, l'expansion, l'extension, l'accroissement ou l'ampleur que prend une chose, un fait ou un phénomène. C'est un terme en vogue, toujours d'actualité, mais dont le contenu n'est pas aisé à préciser. D'aucuns se plaisent à en distinguer, sinon à en opposer, deux approches dont l'une serait quantitative et l'autre qualitative.

La première qui est commune à l'idéologie capitaliste et marxiste, a pour données le PNB (Produit National Brut) par habitant, le volume de la production industrielle et des produits finis en général, la consommation énergétique, le nombre des médecins pour 1000 (mille) habitants, un taux de natalité lent par rapport à la croissance des biens et services à partager, etc. Ce sont ces paramètres qui permettent de dire si tel Etat est développé ou non. Cette approche lie le développement à l'évolution (progrès) socio-économique visant à combler équitablement les besoins d'une communauté. Vu sous cet angle, le développement renvoie à l'« avoir » des objets et des biens. Il a essentiellement une dimension économique, car il fournit au plus grand nombre possible des habitants d'un Etat la disponibilité de biens indispensables pour « être ».

De nos jours, force est de constater que l'Africain, en l'occurrence le Centrafricain, est beaucoup plus préoccupé par cette définition du « développement ». Il veut voir son pays accéder au développement. Jeunes comme adultes, tous veulent être heureux tout de suite, tout avoir tout de suite. Les uns, devant des difficultés, désespèrent et se résignent. D'autres se comportant en bons disciples de Machiavel, mettent tout en œuvre : vol, assassinat, magie, sorcellerie, mensonge, corruption, détournement de fonds ou de biens publics, commerce malhonnête et tant d'autres manœuvres pour atteindre leur objectif, car ils pensent à la suite de leur inspirateur que « *la fin justifie les moyens* ».

La deuxième approche, quant à elle, ne se borne pas seulement sur la dimension économique, mais prend également en compte les autres dimensions humaines. C'est ainsi que Dudley SEER définit le développement comme « *la création de conditions (un espace de liberté, l'éducation)... nécessaires à l'accomplissement de la personnalité*[18]. » Abondant dans le même sens, le Pape Paul VI de regrettée mémoire a précisé que « *le développement ne se réduit pas à une simple croissance économique. Pour être authentique, il doit être intégral, c'est-à-dire promouvoir tout homme et tout l'homme*[19]. » En effet, la croissance économique dépend, au premier chef, du progrès social. Aussi l'éducation de base est-elle le premier objectif d'un plan de développement. Le développement conjugue l'exigence économique d'efficacité, l'impératif de justice sociale et les nécessités de la protection de la nature (qualité

---

[18] Cf. Rapport de Brundtland sur le *Développement durable*, 1987.
[19] Paul VI, « *Populorum progressio* », n° 14. Encyclique du 26 mars 1967, éditions du centurion, Paris, p. 67.

des milieux et pérennité des ressources). Cela met ainsi l'homme au centre de tout développement, c'est-à-dire que le développement doit être perçu conformément aux aspirations de l'homme. L'intérêt porté à cette notion ne doit pas faire fi de l'homme. Ce dernier est et demeure toujours le paradigme de tout développement ; il reste la finalité du développement.

De façon laconique, il faut retenir que le concept de développement englobe les trois dimensions humaines, à savoir l'économie, la culture et la morale. Nul ne peut donc aborder la question du développement d'une Nation et/ou d'un peuple sans faire allusion à ces trois aspects qui sont interactifs et concomitants. Il faut alors se demander comment faire pour arriver à un développement authentique ?

2. Les conditions d'un développement intégral

Aujourd'hui, l'aspiration des Africains, en général, et des Centrafricains, en particulier, est d'être affranchis de la misère, de trouver plus sûrement leur substance, la santé, un emploi stable, de participer davantage aux responsabilités, en dehors de toute oppression et sans contrainte, à l'abri de situations qui amenuisent leur liberté portant ainsi atteinte à leur dignité d'hommes, d'être plus instruits, bref d'accéder au développement. Ce qui n'est pas toujours aisé, car, pour y arriver, il faut beaucoup de sacrifices et d'efforts. Cela ne se réalise pas d'un tour de main.

Au fond, le développement est le fruit d'un travail de longue haleine. Il exige un certain nombre de conditions. De prime abord, par développement, il faut entendre un travail intense. « ... Emplissez la terre et soumettez-la... »[20] : dit le Créateur à l'homme ; la Bible chrétienne, dès ses premières pages,

---

[20] *BIBLE de Jérusalem, Genèse 1, 18,* Cerf, Paris, 2001.

nous instruit que la création entière est à la charge pour l'homme : depuis l'origine, l'homme est convié par Dieu à travailler pour devenir, comme disait René Descartes, « *maitre et possesseur* » de la nature. Et Barthélémy BOGANDA, le président fondateur du Centrafrique l'avait bien compris. C'est pourquoi, il ne cessait d'exhorter ses compatriotes de se mettre au travail. Dans l'une des nombreuses interventions qu'il faisait entre 1957-1958 dans le cadre de sa campagne pour le travail, il disait : « *qui dit bonheur et prospérité, dit avant tout travail intense. Je vous souhaite beaucoup de travail et plus de travail (...) parler peu, mais travailler beaucoup. Travailler pour produire, produire pour bâtir.* » Dans le même ordre d'idée, il commencera son adresse à la nation du 03 février 1958 en ces termes : « *1958 : année du TRAVAIL pour le PROGRES et la LIBERTE ! Je l'ai souhaité individuellement à ceux qui me l'ont souhaité. A tous les autres, je souhaite également le bonheur et la prospérité. Mais le bonheur et la prospérité ont été et demeureront toujours le fruit du travail ; qui veut la fin, veut les moyens. Souhaiter à quelqu'un beaucoup de bonheur revient à lui souhaiter beaucoup de travail.* » Il est donc clair que le travail est la première condition pour aspirer au développement.

Mais il serait également prudent de signaler que le travail envisagé ici est loin d'être synonyme d'exploitation. On doit toujours agir de façon à respecter la dignité de l'homme. Tout homme ne travaille que pour trouver ce qui lui est nécessaire (pour sa survie et pour l'amélioration de son environnement). Il s'agit ici de « *tout acte humain* »[21] qui permet à chacun de nous de « *réussir dans la vie* » et de

---

[21] Je voudrais préciser qu'il y a une différence entre un « *acte humain* » : acte réfléchi et raisonnable conduisant au développement intégral de l'Homme et un « *acte de l'homme* » qui est instinctif et donc irréfléchi pouvant porter atteinte à la dignité humaine.

« *réussir sa vie* ». En d'autres termes, toute activité raisonnable permettant à l'homme de *« gagner sa vie »* et d'être utile aux autres et à sa société.

Une deuxième condition est la « *prise de conscience* ». En effet, le développement suppose au préalable une prise de conscience collective, car l'homme est par nature un être social. Pour qu'il y ait développement, il faut qu'il y ait un changement de mentalité. La question du développement touche toutes les couches sociales : nul n'en doit être écarté. C'est pourquoi Axelle KABOU disait par rapport au développement de l'Afrique que « *…les Africains devraient d'abord se convaincre que la conduite de la destinée d'un continent ne se partage pas avec l'étranger. En d'autres termes l'Afrique est responsable de son histoire.* »[22] Elle invite ainsi les Africains à prendre conscience que la conduite de la destinée de leur continent n'est pas la responsabilité de l'extérieur, mais la leur. Cela m'amène à dire que le développement d'un pays est la conjugaison des efforts de ses populations. Par voie de conséquence, tout ce qui est antinational et antipopulaire devrait être banni.

La troisième condition est la culture. Celle-ci est en effet un moyen privilégié du développement humain, permettant à l'homme de vivre en comprenant son environnement, d'être efficace dans l'action, et d'être responsable. Alors, il urge de tout faire pour que chacun prenne conscience du droit ainsi que du devoir qu'il a de se cultiver non moins que de l'obligation qui lui incombe d'aider les autres à le faire. Dès lors, pour accéder au développement véritable, il faut protéger le patrimoine culturel, en l'occurrence la « *culture de base* », pour qu'un très grand nombre ne soit pas empêché

---

[22] Axelle KABOU, *Et si l'Afrique refusait le développement ?*, L'Harmattan, Paris, 1992, p. 115.

par l'analphabétisme et le manque d'initiative de coopérer de manière vraiment humaine au bien commun.

En réalité, le développement d'un Etat résulte de la judicieuse combinaison des données matérielles et des aspirations de ses populations. Sur le plan économique et social, les responsables doivent savoir concilier la rareté des ressources avec l'abondance des besoins. Au niveau politique et culturel, il faut maintenir l'unicité de la nation, malgré la multiplicité des tendances. Il faut, en outre, définir des objectifs compatibles avec la promotion d'une dynamique économique prometteuse de croissance durable et humainement supportable.

Somme toute, l'idée du développement tel que je l'ai exposé repose sur la conviction forte que le développement et la responsabilité ont des liens synchroniques et consubstantiels. On ne peut parler du développement sans évoquer la notion de responsabilité. Le développement intégral d'un enfant exige que ses parents assument leur responsabilité, c'est-à-dire accomplissent leurs devoirs de parents. Ils sont les « premiers et principaux acteurs » du développement de leur enfant. L'avenir de celui-ci dépend en premier lieu de ce qu'ils lui inculquent à la maison : l'« éducation de base ». Les comportements qu'il affiche dehors traduisent normalement ce qu'il a reçu comme éducation à la maison.

Autant, un pays est à l'image de son peuple. Le sous-développement économique est, de mon point de vue, la résultante d'un sous-développement mental. Un pays est sous-développé, c'est parce que sa population est mentalement sous-développée et donc, irresponsable. De la sorte, tout peuple africain aspirant au développement économique doit avant tout résoudre le problème du sous-développement mental. Il faut qu'il devienne responsable et décide de prendre en charge des décisions relatives à son devenir. Les solutions efficaces et durables à ses maux ne viendront ni des puissances occidentales ni des organisations africaines sous régionales.

Chaque peuple doit être à même de canaliser son développement en prenant des décisions conformes à ses réalités. Il lui faut redécouvrir que l'être humain se réalise par sa capacité de se saisir et d'insuffler un mouvement de responsabilité à sa vie. L'homme existe quand il accomplit ce qui lui permet de transcender le quotidien et de promouvoir sa personne et sa société tout entière. Ceci dit, je vais maintenant me pencher sur le cas centrafricain pour analyser la situation qui prévaut en ce moment dans ce pays.

Deuxième partie
Présentation du Centrafrique et analyse critique de la situation actuelle

Dans cette séquence, j'entends démontrer que l'évolution chaotique du Centrafrique depuis son accession à l'indépendance politique trouve une bonne partie de son explication dans les comportements irresponsables de certains fils et filles de ce pays. A propos, je souhaite de prime abord situer géographiquement le Centrafrique avant de dresser un panorama de son parcours politique. Puis, j'aborderai la notion du monopartisme et ses conséquences et du multipartisme avec ses avantages dans ce pays avant de jeter un regard critique sur son économie en parlant de ses ressources naturelles et de leur gestion.

Le Centrafrique, comme son nom l'indique, est un pays situé au centre de l'Afrique. Enclavé, il est limité au nord par le Tchad, au sud par la République Démocratique du Congo et la République Populaire du Congo, à l'est par le Soudan, et à l'ouest par le Cameroun. Il s'étend sur 623 000 km² et présente trois types de climats : le climat subsaharien au nord, le climat intertropical au centre et le climat équatorial au sud. Cette diversité climatique a un impact sur sa végétation. Ainsi, on a la forêt dense humide au sud du pays, la forêt dense sèche au centre ouest et est, la savane dans la majeure partie du pays et la steppe vers le nord.

Sa population d'à peine 4 610 000 (4,61 millions)[23] est constituée de divers groupes ethniques dont les Bandas, les Gbayas, les Yakomas, les Ngbakas, les Pygmées, les Mbororos (Peulhs), les Mbatis, les Roungas, les Karés. Tous possèdent un caractère linguistique commun : en sus de la langue maternelle, ils parlent tous le « *Sango* » (langue nationale).

Le Centrafrique est une ancienne colonie française qui, avant son indépendance politique, s'appelait *Oubangui Chari*. C'est suite au référendum du 28 septembre 1958 organisé par le général de Gaulle pour intégrer les anciennes colonies dans la communauté française que le pays a changé de nom pour devenir la République Centrafricaine avec, comme premier Président, feu M. l'abbé Barthélémy BOGANDA. Animé par le souci d'assurer à l'Africain, notamment le Centrafricain, sa dignité d'homme avec son célèbre principe « *Zo kwè Zo* »[24], le Président BOGANDA se consacra dès lors à poser les règles de droit qui devraient administrer le Centrafrique à son indépendance effective, règles dont il n'eut pas le loisir de voir l'application et qui malheureusement sont bafouées jusqu'à nos jours. « *Unité-Dignité-Travail* », tel est le résumé des principes de BOGANDA, et tel est également l'énoncé de la devise qu'il imprime pour le Centrafrique. Le héros centrafricain serait mort dans un accident d'avion alors qu'il partait pour une mission à Berberati, une ville du Centrafrique. Une

---

[23] Données de 2013 publiées le 19 février 2014 par Céline DELUZARCHE, journaliste, pour la rubrique Business du JDN (*Journal Du Net*).
[24] Cette expression peut être traduite littéralement comme « *toute personne est un être humain* ». BOGANDA s'opposait farouchement à toute politique de discrimination et d'oppression qui sévissait dans le pays à l'époque coloniale. En prônant ainsi l'égalité entre les hommes, il rejoint le philosophe français R. DESCARTES qui dit que « *le bon sens (raison) est la chose du monde la mieux partagée* ».

information qui serait mise en doute par certains compatriotes accusant les Français d'avoir détourné son avion et de l'avoir amené en France en vue de mettre fin à ses ambitions. Son cousin David DACKO, avec l'appui de la France, va lui succéder, et ceci au détriment du chevronné homme politique Centrafricain, le Professeur Abel NGOUMBA alors Président par intérim.

David DACKO va proclamer l'indépendance effective du Centrafrique le 13 août 1960. Aussitôt, de petites rivalités futiles, de petites intrigues, de petites manœuvres politiques vont servir de terrain à toutes les manipulations, à toutes les combinaisons cyniques, dont le perdant sera toujours le peuple centrafricain. Le philosophe et homme politique Centrafricain Jean Paul NGOUPANDE, disait à ce propos que « *toutes sortes de formules politiques ont été expérimentées dans ce pays. En vérité tout ou presque, a été osé en Centrafrique [...] la République Centrafricaine a été un véritable laboratoire de manipulations et de crétinisation.*[25] » C'est justement ce qui fait sombrer aujourd'hui le pays dans la violence.

Au fait, quatre ans après son indépendance, le pays fera la première expérience du monopartisme : le MESAN[26], repris par DACKO, fut imposé suite à l'adoption de la loi constitutionnelle du 18 novembre 1964, comme parti unique. Mais le coup d'Etat de la Saint-Sylvestre 1965 accompli par le colonel Jean Bédel BOKASSA mettra fin au parti unique pour instaurer un régime militaire ; celui-ci réinstaure bientôt le parti unique qui, en 1970, se transforme en « *présidence à vie* ». Puis, en décembre 1976, la République centrafricaine

---

[25] Jean Paul NGOUPANDE, *Chronique de la crise centrafricaine 1996-1997. Le syndrome Barracuda*, L'Harmattan, Paris, 1997, p. 227.
[26] MESAN (Mouvement pour l'Evolution Sociale de l'Afrique Noire), parti fondé par le président BOGANDA.

est érigée en « *Empire Centrafricain* ». Et le 20 septembre 1979, DACKO, toujours avec la complicité française à travers une opération militaire dite « *opération Barracuda* », reprend le siège présidentiel mettant ainsi fin au règne impérial. Un gouvernement avec une volonté d'ouverture démocratique est mis en place suite aux élections « pluralistes » remportées par lui-même.

Cependant, ce régime ne sera qu'éphémère. Très vite, on assiste au retour de l'armée en un « *Comité Militaire de Redressement National* » dirigé par le général André KOLINGBA ; puis encore du parti unique (le RDC)[27] avant qu'on ne revienne de nouveau au multipartisme en avril 1991. Ce nouvel élan politique conduit le pays aux premières élections démocratiques d'août qui porteront Ange Félix PATASSE, président du parti MLPC (Mouvement de Libération du Peuple Centrafricain), au pouvoir.

Lors de son investiture, le 22 octobre 1993, et conformément à la constitution du Centrafrique, le président démocratiquement élu a prêté serment en ces termes : « *Je jure solennellement devant le peuple Centrafricain de remplir fondamentalement la fonction de président de la République Centrafricaine, de respecter et de faire respecter la constitution et de n'être guidé en tout que par la recherche de l'intérêt de la nation*[28]. » Malheureusement, cet engagement ne sera pas honoré. Trois ans plus tard, le pays va plonger une fois encore dans la tragédie. Dès avril 1996,

---

[27] RDC (Rassemblement Démocratique Centrafricain), parti créé le 7 février 1987 par le général A. KOLINGBA.
[28] Cf. la Constitution du Centrafrique du 28 novembre 1986, révisée par les lois :
- 91.001 du 08 mars 1991,
- 91.003 du 04juillet 1991,
- 92.013 du 28 août 1992,
Chapitre 1, article 4.

le pays va se rendre pour la énième fois tristement célèbre sur la scène internationale. Des arriérés de salaire, des mutineries à répétitions, des tentatives de coup d'Etat ainsi que des mouvements rebelles vont paralyser ce pays.

Ainsi, le 15 mars 2003, on assiste de nouveau à la destitution du chef de l'Etat par l'armée. Ce coup de force que son auteur, le général François BOZIZE, chef d'Etat-major dissident de Patassé, et ses complices (dont des éléments tchadiens) qualifient de « sursaut patriotique », leur permettra d'entrer sur la scène politique centrafricaine. Ils seront ainsi confirmés au pouvoir par les résultats des élections qu'ils organisent en 2005 après la période de « transition ». Les débuts du régime des soi-disant libérateurs rassuraient et satisfaisaient le peuple centrafricain qui, fatigué, se voyait vraisemblablement « libéré » des modes antilibéraux et tyranniques du régime déchu.

Hélas, comme dans les années 1960 aux lendemains des indépendances africaines, l'euphorie et l'enthousiasme suscités par la quête de nouvelles libertés ne sont qu'éphémères. Très vite, ce régime se révèle malhabile et prévaricateur. Les problèmes relatifs aux retards de salaire, aux violations et atteintes aux droits humains qui ont conduit à la chute du régime précédent refont surface et vont crescendo. Les « *libérateurs* » voient ainsi leur régime tomber dans le discrédit. Dès lors, la corruption va s'installer davantage en intensifiant l'irresponsabilité et l'injustice. Cela va conduire à un foisonnement des mouvements rebelles de-ci de-là.

Pour atténuer la tension, le régime des « *libérateurs* » va, à la fin de son premier mandat en janvier 2011, organiser des élections présidentielles et législatives « *libres et démocratiques* » pour reprendre ainsi ses propres termes, mais maculées des fraudes massives, à l'issue desquelles leur leader est réélu dès le premier tour de la présidentielle avec 66,08 % des voix. Quant aux législatives, les « *libérateurs* » ont quasiment tout raflé. L'Assemblée nationale est, pour ainsi dire, transformée à un « *village des libérateurs* ». Le chef des « *libérateurs* » réélu Président de la République est lui-même député, ses deux fils députés, son épouse députée, certaines de ses maitresses députées, son neveu député, de nombreux « *libérateurs* » ainsi que leurs proches députés. Et ce qui est plus ridicule dans tout cela c'est que, déjà dès le premier tour nos chers et tout-puissants « *libérateurs* » n'ont laissé aucune chance à l'opposition démocratique. Ils se sont incroyablement imposés. A en croire le journal Centrafrique Presse, sur les trente-cinq (35) candidats élus dès le premier tour pour occuper les 105 sièges de l'Assemblée nationale, 34 seraient venus du camp des *libérateurs*: 26 des candidats sont du Parti présidentiel le Parti **KNK** et huit sont des candidats indépendants, mais proches du Président. Le Président, ses deux fils, sa femme, son neveu et bras droit le ministre des Mines à l'époque et son premier ministre qui n'est personne d'autre que son Excellence Monsieur le Président Faustin Archange TOUADERA l'actuel Président de la République centrafricaine, faisaient partie d'heureux élus du premier tour. (Information donnée par le journal en ligne, Centrafrique Presse en la date du 07 février 2011)[29].

---

[29] BANGUI - AFP / 07 février 2011 02h08 « *Vingt-six membres du parti de François Bozizé, réélu président de la Centrafrique avec 66,08% des voix, ont été élus députés dès le 1er tour du scrutin législatif du 23 janvier mettant en jeu les 105 sièges de l'Assemblée, selon les résultats annoncés lundi par la Commission électorale (CEI). Trente-cinq candidats ont été élus dès le 1er tour: 26 appartiennent au Knk (Kwa na Kwa, le travail rien que le travail) le parti de Bozizé, 8 sont des indépendants dont certains proches de Bozizé, et un est du Mouvement de libération du peuple centrafricain (MLPC, opposition) de l'ancien Premier ministre et candidat à la présidentielle Martin Ziguélé (...). Parmi les figures de proue pour ces législatives, le président Bozizé est élu député dès le 1er tour avec 51% des suffrages dans le 4e arrondissement de Bangui devant le*

Ayant ainsi la majorité écrasante à l'Assemblée nationale, ils vont donc dicter leur loi. Les trois quarts des préfets, la plupart des ministres et des directeurs de quelques rares sociétés d'Etat, la plupart des responsables de l'armée, de la gendarmerie et de la police sont toujours choisis ou dans l'ethnie du président ou parmi les adeptes de son église ou encore dans le cercle vicieux des libérateurs.

Cependant, l'opposition démocratique jusque-là mal organisée et divisée à cause des petits intérêts égoïstes, et souffrant en grande partie d'un manque notoire de repères politiques, s'est réveillée dès la proclamation des résultats de la présidentielle qu'elle proteste fermement et refuse d'admettre, au point de créer en mars 2011 un bloc dénommé « FARE »[30] avec pour slogan « *E Boungbi-E Sô Kodro ti e* »[31]. Ainsi, dans le communiqué de presse du 21 avril 2011 fait par Guy Simplice KODEGUE, alors Coordonnateur Intérimaire et Porte-parole Délégué du FARE, il était dit ceci : « *Le Président BOZIZE et son Parti le KNK, avaient opéré un véritable hold-up électoral, privant le peuple Centrafricain de victoire alors qu'il était en droit d'opérer*

---

célèbre avocat et opposant Nicolas Tiangaye (indépendant) qui a reçu 41% des voix. Plusieurs membres de la famille de Bozizé sont aussi élus dès le 1er tour. Ainsi, sa femme Monique Bozizé l'emporte à Ombella-Mpoko (Nord de Bangui). Son fils, le ministre de la Défense Jean-Francis Bozizé passe au 1er tour à Kabo (nord) alors qu'un autre de ses fils Socrate, entrepreneur, est élu à Gambo (est). Le neveu du président, le très puissant ministre des Mines Sylvain Ndoutingai l'emporte à Berberati (ouest) avec 56% des voix devant M. Patassé (15%) et un autre candidat la présidentielle M. Nakombo. M. Ziguélé est en ballottage difficile avec 11% des voix à Bocaranga (nord) alors que M. Demafouth est battu dès le 1er tour à Sibut (est). Le premier ministre Faustin Archange Touadera (Knk) passe dès le 1er tour à Damara (est). »
[30] Le Front pour l'Annulation et la Reprise des Elections du 23 janvier 2011.
[31] Cette phrase peut être traduite ainsi : « *Unissons-nous - sauvons notre pays* ».

un changement. L'opposition démocratique a rejeté en bloc les résultats de cette mascarade électorale et exigé l'annulation pure et simple de ces élections et leur reprise dans la transparence.

Elle a pris ses responsabilités historiques en créant le Front pour l'Annulation et la Reprise des Elections de 2011 (FARE-2011). Les objectifs du FARE-2011 sont clairs : obtenir l'annulation sans condition et la reprise de ces élections. L'opposition, unie dans le FARE-2011, rejette toute idée de compromis qui fragiliserait sa lutte et dénonce fermement les tentatives machiavéliques du pouvoir illégitime de BOZIZE de débaucher les membres du FARE-2011 en vue de la constitution du futur Gouvernement. Des contacts discrets sont pris avec certaines personnalités du FARE-2011... »[32] Réveillés de leur sommeil les opposants ont alors vu la nécessité de s'unir pour exiger l'annulation pure et simple de ces élections. Hélas, leurs actions n'ont pas été efficientes pour endiguer le régime des libérateurs dans sa soif du pouvoir et sa folie de grandeur.

Du coup, tous les mouvements rebelles qui étaient dans un état de latence ont commencé à s'activer. Au nord-est du pays une fusion des trois mouvements : l'UFDR (Union des Forces Démocratique pour le Rassemblement de Michel DJOTODIA), la CPJP (Convention des Patriotes pour la Justice et la Paix du disparu Charles MASSI) et la CPSK (Convention des Patriotes pour le Salut du Kodro de Dhaffane Mohammed MOUSSA) s'est opérée pour donner

---

[32] Ceci est un fragment du communiqué qui a été publié entièrement en ligne par le journal Centrafrique – Presse en la date du 22 avril 2011.

naissance à un grand ensemble qu'ils appellent la « *SELEKA* »[33].

Mal structurée, sans ambitions politiques, sans programme réel de développement et constituée majoritairement ou presque entièrement de mercenaires Tchadiens, Soudanais et de militants islamistes, la *Séléka* va, dès début décembre 2012 commencer à conquérir toutes les villes du nord-est en commettant toutes sortes d'exactions (viol, torture, assassinat, etc.) sur des populations civiles, notamment chrétiennes et en s'emparant de leurs biens. Ces derniers sont obligés de s'enfuir dans la brousse où ils vont vivre leur calvaire, abandonnés à la merci des bêtes sauvages et de toute intempérie climatique. Le 26 décembre, ils (les rebelles) sont à Damara, dernière ville clé avant Bangui, mais ils ont été stoppés par les Forces Multinationales d'Afrique Centrale (les FOMAC). Après plusieurs tentatives de médiation des présidents de la CEMAC[34] dont certains, à l'instar du président Idriss Deby ITNO[35] du Tchad, sont accusés de ne pas jouer franc jeu, la Séléka a fini par prendre le pouvoir le 23 mars 2013. Michel DJOTODIA, chef de l'UFDR s'est autoproclamé *« président »*. Il a été ovationné par certains compatriotes (quelques membres de son ethnie Goula et une frange des compatriotes musulmans) non instruits et manipulés qui le prennent pour un « *sauveur* », car étant le premier Centrafricain de confession musulmane à

---

[33] La « *SELEKA* » veut dire Alliance en Sango (langue parlée sur tout le territoire centrafricain).
[34] CEMAC : Communauté Economique et Monétaire de l'Afrique Centrale.
[35] Il y est pour beaucoup dans la crise centrafricaine. C'est lui qui avait fourni des armes et des éléments à BOZIZE pour renverser PATASSE, et c'est encore lui qui a parrainé la Séléka. Malheureusement, cela coûtera cher à certains Tchadiens considérés comme des cousins et qui résident depuis des années en Centrafrique. Car il y aura un sentiment de vengeance.

usurper le siège présidentiel. Ironie de sort, des « dinosaures politiques » véreux qui ont servi le défunt régime ont rapidement changé de couleur tel un caméléon. Comme à l'accoutumée, des félicitations, des mots de remerciements et d'encouragements ainsi que des appels téléphoniques et visites nocturnes se multiplient.

Mais, au lieu de venir sauver, comme on le pensait, le soi-disant « *sauveur* » n'a fait qu'empirer la situation. Lui et ses complices ont saccagé le pays. Tous les appareils de l'Etat sont mis à plat. Le pays n'existe plus comme Etat : c'est la jungle. Le rang des officiers centrafricains a augmenté en un laps de temps; des éleveurs, des vendeurs de kola et vendeurs de « **ba mo mu** »[36] (friperies) au marché de KM5 qui n'ont jamais mis pied à l'école et qui n'ont jamais suivi une formation militaire se voient du jour au lendemain érigés au rang d'officiers (le grade du général et du colonel est attribué à n'importe qui). Des gens sortant de quel trou je ne sais d'où, ne sachant parler ni français ni anglais, encore moins le **Sango** qu'est la langue nationale, se disent officiers dans l'armée centrafricaine. Cocasses, mais écœurants, dans les provinces où *« les hommes de la loi »* ont abandonné le Tribunal pour sauver leur peau, nos *« fameux officiers »* de la séléka sont miraculeusement devenus magistrats, juges et avocats comme si leurs chefs leur avaient aussi dispensé des cours de droit dans le maquis. Ainsi, en appliquant les « règles et principes » et en se référant aux « jurisprudences » de la loi « maquisarde », ils incriminent, inculpent, jugent, défendent, condamnent, châtient et exécutent à leur gré. C'est vraiment la *« domination des ténèbres »*, comme nous dit la Bible. La médiocrité atteint son paroxysme. Le Centrafrique et les Centrafricains se voient ainsi ridiculisés à

---

[36] C'est l'expression utilisée en Centrafrique pour désigner les friperies et qui se traduit littéralement par *« vois et prends »*.

cause des comportements irresponsables de certains compatriotes véreux.

Il est également à noter que dès leur entrée dans Bangui, les mercenaires Tchadiens et Soudanais de la Séléka sont allés directement à la Cathédrale Immaculée Conception au moment où les chrétiens étaient en pleine Messe des Rameaux, ils ont tiré sur eux et récupéré certains véhicules. Cet acte de sabotage du lieu de culte chrétien, ajouté à de nombreuses exactions déjà commises dans les autres villes du pays à l'endroit des chrétiens, et tant d'autres encore qui vont se suivre donneront à la crise, qui à l'origine était politique, une connotation religieuse, ce qui est vraiment dommage pour le peuple Centrafricain.

Vu que l'armée qui est censée défendre les populations dans ce genre de situation était en débandade et n'existait plus, de jeunes civils (chrétiens, musulmans et animistes) vont se constituer en groupe d'auto-défense pour se défendre eux-mêmes. C'est dans ce contexte que va naître le mouvement « Anti-balaka »[37] dont une branche s'illustrera par ses nombreuses exactions sur les compatriotes de confession musulmane en guise de représailles des faits des mercenaires de la séléka sur les chrétiens. Mais bien vite, certaines personnes malintentionnées et les médias internationaux vont donner à tort et à travers à ces jeunes le nom de « milices chrétiennes ».

---

[37] *Balaka* en *Sango* désigne la machette. A l'origine, les Anti-balaka étaient constitués des volontaires (musulmans, chrétiens et animistes) qui s'engageaient à lutter à l'aide des arcs et des machettes contre les bandits communément appelés *zaraguina* (les coupeurs de route) qui sévissaient dans les préfectures de Nana-Mambéré, Mambéré-kadéï, Ouham et Ouham-Pendé. Ces bandits prenaient les enfants des éleveurs peulh en otage et exigeaient de forte rançon ou bien s'attaquaient à des véhicules de voyage pour dépouiller les passagers de tout ce qu'ils possèdent. Les anti-balaka étaient aussi appelés anti-zaraguina.

Le mouvement Anti-balaka va étendre ses actions sur tout le territoire. D'autres personnes vont y adhérer. Finalement ce mouvement va contraindre le régime des *« Sauveurs »* à la démission avant même l'accomplissement de leur œuvre messianique. Cette action des Anti-balaka était salutaire. Seulement certaines victimes directes ou, par ricochet, des exactions de la Séléka vont s'infiltrer dans le mouvement pour pouvoir se venger ou venger leurs parents et proches torturés et abattus froidement.

Par ailleurs, certains « *vautours* » de la classe politique centrafricaine vont essayer de récupérer cette action à leur profit en équipant ces milices. On va alors connaitre deux types d'Anti-balaka : les premiers dont l'objectif étaient de combattre la Séléka pour protéger le peuple Centrafricain sans distinction aucune de religion ou d'ethnie et ceux que j'appelle Anti-balaka larrons, ceux de dernières minutes qui veulent seulement déstabiliser le pays et vouloir s'accaparer du pouvoir. Ces derniers haineux, revanchards et malintentionnés ont pour cibles principales les pauvres populations musulmanes dont beaucoup n'ont rien à voir avec les exactions du régime des « *sauveurs* ».

A un moment donné, la crise a pris une proportion considérable. La tension était devenue forte entre les deux confessions. On a assisté à des actes de cruauté et de barbarie sans précédent. Des massacres de part et d'autre. Le centrafricain était devenu méconnaissable. D'après les informations, certains étaient allés jusqu'à manger la chair de leurs soi-disant anciens bourreaux. Une véritable chasse aux sorcières était mise en place. Des langues sans frein sans retenue vont jusqu'à utiliser des termes forts tels que génocide musulman, nettoyage ethnique, guerre de religion, etc., selon ce qui les arrange, pour qualifier la situation. Et je saisis cette opportunité pour dire que je trouve ces expressions outrancières, dépassées et méchantes, car, loin d'apaiser le cœur et de favoriser la réconciliation, elles ne feront qu'empirer la situation en suscitant de la haine, de la rancœur et l'esprit de vengeance au sein du peuple centrafricain. Il n'est jamais question de guerre de religion en Centrafrique. Comme preuve, nous voyons constamment les responsables religieux Centrafricains ensemble, en train de prêcher la paix et la réconciliation.

S'il y avait génocide ou nettoyage comme on le dit, cela allait se ressentir au sommet, c'est-à-dire entre les chefs. Certes l'ambiance à l'heure actuelle est tendue, la méfiance règne entre les deux confessions religieuses, mais c'est le fait d'un groupuscule de personnes sans conscience. Personnellement, je pense qu'il serait souhaitable de parler plutôt d'une crise identitaire. Ce sont certains compatriotes et étrangers, ennemis du peuple qui se sont adonnés à ces actes inhumains. Je pense que c'est insensé et irresponsable d'imputer les faits des éléments de la Séléka à tous les musulmans et ceux des miliciens Anti-balaka aux chrétiens. Il ne faut pas extrapoler la crise pour lui donner une coloration religieuse.

C'est vraiment très dommage pour nous et pour notre pays que ces gens puissent venir remettre en cause cette cohabitation et cette cohésion sociale d'antan. La devise « *Unité-Dignité-Travail* » que BOGANDA a imprimé pour ce pays a été sabotée. Certains compatriotes obtus vont saisir l'occasion pour parler de partition du pays. C'est vraiment une niaiserie, un acte irresponsable et déplorable qui fait honte au digne peuple centrafricain qui est loin de mériter tout cela.

Cette flambée de violence notamment au niveau de la capitale Bangui, a incité la France à lancer le 5 décembre 2013 une opération militaire dénommée opération Sangaris en vue de « *désarmer toutes les milices et groupes armés qui terroristent les populations »* afin de *« retrouver la sécurité et de permettre des élections libres et pluralistes dans ce pays »* pour reprendre ainsi les termes du président François HOLLANDE lors du Sommet de l'Elysée tenu à Paris du 6 au 7 décembre 2013 regroupant les chefs d'Etat, chefs de gouvernement et chefs de délégation d'une quarantaine de pays africains sous sa houlette.

Malgré la présence des éléments de la Sangaris et ceux de la MISCA la situation s'empire de jour en jour. Le peuple a commencé à réclamer le départ de DJOTODIA du pouvoir. Dès le 1er janvier, l'Elysée a commencé à activer des manœuvres en consultant les pays de la sous-région. Le ministre français de la Défense, Jean-Yves LE DRIAN se rend à Ndjamena rencontrer Idriss Déby puis effectue une mini-tournée auprès de Denis SASSOU NGUESSO du Congo et d'Ali BONGO du Gabon. Le 3 janvier, il retourne voir Idriss DEBY. Le sort de Michel DJOTODIA était alors scellé et ses heures étaient ainsi comptées. Il fallait maintenant organiser son départ. Et comme cela se fait depuis quelques décennies, c'est à N'Djamena que l'avenir du Centrafrique va se jouer. Idriss DEBY, « le faiseur de roi en Centrafrique » va prendre les choses en mains en convoquant d'urgence le sommet extraordinaire de la Communauté économique des Etats de l'Afrique centrale (CEEAC) afin de prendre des initiatives et des « décisions musclées » pour une sortie de crise. Réunis, les dirigeants de la CEEAC vont envoyer jeudi 9 janvier 2014 en fin de journée_ sans autre forme de préavis _ un avion à Bangui pour amener comme des écoliers dans la capitale tchadienne les 135 membres du CNT[38] et les représentants des différents groupes armés afin de faire croire qu'ils ont été associés à la décision qui sera prise notamment celle du départ de

---

[38] Conseil National de Transition, organe représentant le Parlement durant la période de la transition.

DJOTODIA et de son premier ministre Nicolas TIANGAYE du pouvoir, ce qui était loin d'être vraisemblablement le cas. Cette démission est finalement annoncée le 10 janvier 2014 et a mis fin au sommet de la CEEAC à Ndjamena.

Après la démission de DJOTODIA, les membres du CNT sont rentrés au pays pour poursuivre le scénario à Bangui. Selon la procédure, inscrite dans ce qu'on appelle la Charte constitutionnelle de transition, la démission de Michel DJOTODIA devrait être formellement remise à Alexandre Ferdinand NGUENDET, le président du CNT qui doit faire constater la vacance du pouvoir par le président de la Cour constitutionnelle de transition. Par ailleurs, il était sommé de convoquer dans un délai de 15 jours une session extraordinaire du CNT en vue d'élire un successeur.

Si le départ de DJOTODIA du pouvoir était bien accueilli et jugé salutaire par tous, la manière dont cela a été organisé laisse à désirer. Personnellement j'ai trouvé cela *irresponsable, ignominieux et outrageux*. En effet, la façon dont les choses se sont passées n'honore pas le peuple centrafricain. On ne peut pas transférer le Parlement d'un pays dans un autre pour prendre des décisions le concernant. C'est du jamais vu. Cela est un mépris total pour cette prestigieuse Institution de la République. En faisant transférer le Parlement de transition à Ndjamena, DEBY et ses acolytes ont manqué du respect au peuple Centrafricain. Ils l'ont traité comme un bébé, un irresponsable et malheureusement aucune autorité centrafricaine n'a osé parler. Les politiciens, les chefs des différents groupes armés ainsi que les intellectuels centrafricains étaient tous préoccupés par la recherche active de « postes juteux » au point de ne pas se rendre compte de cette grave humiliation. Ils avaient tous des agendas cachés et voulaient tous

« manger » quitte à hypothéquer leur dignité et leur honneur. C'est vraiment gravissime.

De retour à Bangui, après quelques jours de présidence transitoire assurée par Alexandre Ferdinand NGUENDET, Catherine SAMBA PANZA, Maire de Bangui a été élue le 20 janvier 2014 par le CNT. Cette élection était accompagnée d'un cortège de réactions apologiques et de grandes espérances. Pour beaucoup des Centrafricains, élire une femme pour la première fois dans l'histoire de ce pays voire de la sous-région Afrique centrale est une lueur d'espoir, car elle pourrait enfin, en tant qu'une Bonne Mère tourner la page de cette période obscure du pays. A peine élue, elle s'est, comme on l'attendait, posée en « maman rassembleuse ». Dans son premier discours tenu devant les parlementaires, elle invite les belligérants Séléka et Antibalakas (en les appelant tendrement ses enfants) à faire preuve de patriotisme et à l'écouter, leur mère pour éradiquer la violence et entrevoir une porte de sortie à la crise à travers le dialogue. Cet acte été salué par tous.

Mais les faits étant têtus, très vite le peuple sera désenchanté. Persistance de l'insécurité, absence de redémarrage économique, des nominations aux différentes fonctions étatiques sur fond de tribalisme, clanisme, copinage et sectarisme, le détournement des deniers public, l'impunité, l'amateurisme politique et le culte de la médiocrité continuent de gangrener la société centrafricaine. En dépit de quelques efforts qu'on peut lui reconnaitre notamment l'organisation du forum de Bangui qui s'est tenu du 4 au 11 mai 2015 réunissant presque toutes les entités de la société centrafricaine : Partis politiques, société civile, jeunesse, associations féminines, diaspora aboutissant à un accord de désarmement entre certains responsables de la Séléka et des Antibalaka et la tenue des élections présidentielles et législatives (2015-2016), la « maman nationale » n'a pas pu lénifier la souffrance du peuple. Elle va rendre le pouvoir à Faustin-Archange TOUADERA (ancien Premier ministre durant les cinq dernières années du règne du Général François BOZIZE) à l'issue des élections jugées crédibles et démocratiques par les observateurs nationaux et internationaux marquant la fin de la transition. Quant au bilan de ses deux années au pouvoir cela est resté mitigé. Pour beaucoup, elle n'a pas été à la hauteur de la tâche qu'on lui a confiée. D'aucuns diront même qu'à seulement deux ans de règne, elle a fait pire que ses prédécesseurs au pouvoir.

Son successeur M. Faustin Archange TOUADERA va officiellement prêter serment le 30 mars 2016. Dès sa prise de fonction, il s'est engagé entre autres à reformer le secteur de la sécurité (qui est selon lui une priorité des priorités), promouvoir l'économie très ébranlée, garantir la santé des Centrafricains, rehausser le niveau de l'éducation et offrir plus d'emplois aux jeunes. Toutes ces priorités disait-il, seront mises en œuvre à travers la bonne gouvernance, car il se veut un président de la rupture avec les anciennes méthodes de gouvernance basée sur le clanisme, le népotisme, l'impunité, la corruption. Il a même annoncé la couleur dans son allocution d'investiture à travers cette phrase : « … *Le moment est donc venu pour que nous réorganisions les régies financières pour qu'elles lèvent l'impôt nécessaire au financement des charges publiques. Dans ce cadre, une vaste réforme des régies financières sera organisée avec l'objectif d'accroître les ressources de l'Etat, de les sécuriser et de maitriser les dépenses publiques. Une lutte sans merci sera menée contre la fraude, la corruption, les détournements de deniers publics et la concussion. Par ailleurs, j'instruirai le Gouvernement pour qu'il travaille très rapidement avec le Fonds Monétaire International pour permettre au pays de conclure avec lui un programme normal nécessaire à l'aide multilatérale et bilatérale »*[39].

Porté à la tête du pays par une immense vague d'espoir et plébiscité par le peuple dans sa large majorité _si l'on s'en tient aux résultats des urnes_ le Président FAT était bien conscient que le redressement de ce pays meurtri par la guerre et par la déliquescence administrative repose sur ses épaules, mais aussitôt aux affaires, il est tombé dans le même piège que ses prédécesseurs en ce qui concerne le choix de certains de ses collaborateurs. Comme conseillers, il s'est choisi ou bien on lui a imposé (comme cela se fait toujours dans ce pays) que des personnes improbables et impréparées pour tenir les rênes du pays. Mal conseillé, il s'est doté d'un gouvernement faible dont l'autorité peine à se rétablir sur l'ensemble du territoire national. Cette erreur de casting dû au choix de certains de ses proches collaborateurs a eu pour corollaire de nombreux dysfonctionnements et des insuffisances qui ont réduit grandement la capacité de son pouvoir à relever les défis qui se présentent à lui.

Deux ans après son serment, les espoirs que de nombreux Centrafricains ont placés dans son élection commencent à être douchés par une réalité cruelle et le peu de résultats concrets. Son gouvernement dirige un pays occupé aux trois quarts par les groupes armés et dont un habitant sur quatre est déplacé ou réfugié à l'étranger. Au cœur même de la

---

[39] ALALENGBI, *Discours d'investiture de son Excellence Pr. Faustin Archange TOUADERA, Président de la République, Chef de l'Etat. (Bangui 30 mars 2016),*
http://le-rdc.over-blog.com/discours-d-investiture-de-son-excellence-pr-faustin-archange-touadera-president-de-la-republique-chef-de-l-etat-bangui-30-mars-2016.html. Site consulté le 8 /10/ 18 à 22h15.
On peut également retrouver ce discours sur YouTube à travers le lien suivant :
https://www.youtube.com/watch?v=btxNVB9Fu9g

capitale Bangui, des groupes armés dictent encore leurs lois aux habitants de Pk5, le grand quartier musulman de Bangui. L'autorité de l'Etat est encore loin d'être restaurée. Mais comme beaucoup, je pense que le Président FAT peut encore regagner la confiance du peuple centrafricain et marquer positivement l'histoire de ce pays. Et il n'a pas besoin d'une formule magique pour y arriver. Il lui suffit seulement de mettre en exécution son projet de société avec sagesse, rigueur et responsabilité c'est-à-dire faire passer avant tout l'intérêt de son peuple avant le sien et de faire attention à certains de ses proches collaborateurs : ces « ***tê kâ mo tê gué*** »[40] qui, au lieu de l'accompagner dans cette lourde tâche ne feront que précipiter sa chute comme ils l'ont fait à ses prédécesseurs. Qu'il veille également à ce que les relations avec les partenaires étrangers soient des relations fondées sur le respect mutuel. L'heure n'est plus à l'assistanat, mais aux partenariats « gagnant-gagnants ».

---

[40] Terme utilisé en Centrafrique pour désigner ceux qui pratiquent la transhumance politique et qui, au lieu de servir l'intérêt du peuple, ne pensent qu'à leurs propres intérêts égoïstes. Ils sont nombreux aujourd'hui dans le cercle du Président FAT.

Chapitre I
Vie politique

Si je me permets de faire un petit calcul par rapport à nos années d'indépendance politique, force sera de constater que sur les cinquante-huit (58) ans, le Centrafrique totalise plus de trente-cinq ans de pouvoir dirigé par des militaires. A mon humble avis, cela prouve à suffisance l'irresponsabilité et l'incompétence de la classe politique centrafricaine. Logiquement, cela doit nous interpeller. Au fond, je peux en déduire que nous sommes en manque de « professionnels politiques ». Et sans avoir peur de me tromper, j'affirme que la crise actuelle est la résultante de cette immaturité politique.

Pour ne pas trop me focaliser sur cet aspect, je juge réfléchi de laisser aux historiens et aux politologues cette tâche, d'ailleurs passionnante, d'évaluer nos années de *« souveraineté nationale »* balisée par des accords d'ingérence politique et interventions militaires étrangères. De ce point de vue, je vais me contenter, dans les lignes qui suivent, d'analyser deux systèmes politiques à savoir : le monopartisme et le multipartisme que le Centrafrique a déjà expérimentés.

1. Le monopartisme et ses conséquences

Le monopartisme est un système qui, de façon générale, nait le plus souvent d'un coup d'Etat qui suit l'instauration d'une dictature. Le terme même de *« monisme politique »* en soi, sous-entend que le souverain confisque à son profit la vie politique du pays qu'il instaure en un monopole de fait. Il faut également noter que, dans certains cas, ce sont des civils qui instaurent ce système. Un exemple probant est celui du président David DACKO qui, après avoir éreinté et persécuté le MEDAC (Mouvement d'Evolution Démocratique d'Afrique Centrale) du Professeur Abel NGOUMBA, décida en 1964 d'instaurer le MESAN comme parti unique. Bref, la notion du monopartisme renvoie toujours à l'idée d'un Etat autoritaire ou totalitaire.

En Centrafrique tout comme dans la plupart des Etats africains, le multipartisme n'a connu qu'une existence éphémère, sinon, n'existe que théoriquement. A la première opportunité propice, une personnalité « forte », civile ou militaire impose un monopartisme autocratique où tout repose sur la volonté absolue du Chef. Ce dernier est le plus souvent vigoureusement défendu, protégé et tenu en mains par d'habiles manœuvriers étrangers et nationaux parachutés aux postes-clés du régime. Et selon la règle de ce jeu macabre, l'homme « *providentiel* » qui s'empare du pouvoir commence par suspendre la constitution multipartiste et la remplace par une loi fondamentale monopartiste à sa convenance.

Comprenant que pour remplacer le pluralisme par le monopartisme il faut avoir des justifications plus ou moins consistantes, les autocrates n'hésitent jamais à s'approprier la philosophie machiavélique, c'est-à-dire à recourir à toute une rhétorique et à des rationalisations de légitimation. Tout d'abord par une autosuggestion consciente et délibérée, puis inconsciente, ils sont persuadés et font croire que le broyage de tous les partis excepté le leur est la condition sine qua non pour réaliser la cohésion sociale. Ils sont, chacun à sa manière, des « *libérateurs* » ou « *sauveurs* » providentiels apparus pour libérer les opprimés, rassembler les ethnies et tribus ou différentes confessions religieuses en tension et les couler dans le moule de leur parti qui, extraordinairement, exprime à un niveau transcendantal les aspirations et tendances des partis dissouts.

En principe, dans certaines circonstances l'intention parait évidemment bonne, mais bien vite, au lieu de la détribalisation prônée par la propagande officielle, nos fameux libérateurs finissent toujours par s'adonner au spectacle affligeant du tribalisme, du népotisme et du despotisme. Ils bâtissent leur pouvoir personnel avant tout sur des ressortissants de leur tribu et de leur ethnie. Les postes clés, les départements ministériels tels l'Intérieur, la Défense, la Sécurité publique, les Mines, les prébendes les plus juteuses reviennent ipso facto à leurs complices provenant des cercles concentriques de la famille, du clan, de la tribu, voire de la religion qui, la plupart de temps, ne valent même rien et ceci au détriment des dignes Centrafricains conscients et soucieux du développement de leur pays. Ainsi, pour suborner la galerie, ils font frétiller une poignée de figurants d'autres tribus ou entités politiques dans les rares postes vacants. Alors, au lieu de servir le peuple dont ils ont la responsabilité, ils ne font que se servir.

Or, comme l'a dit Hegel, « *un Etat est bien ordonné et fort en lui-même quand l'intérêt privé des citoyens est uni à la fin générale de l'Etat, quand l'intérêt privé et la fin de l'Etat trouvent l'un dans l'autre leur satisfaction et leur réalisation…Mais cette unification ne peut devenir réelle que si l'Etat arrive […] à prendre conscience de la fin générale et à se donner une multitude d'institutions conformes à cette fin. En outre, il lui faut lutter contre les intérêts particuliers et les passions et les soumettre à un dressage aussi long que difficile[41].* » Suivant la logique de cette vision hégélienne des choses, je ne puis m'empêcher de dire que le monopartisme est un système qui a longtemps fragilisé notre pays. Car il est

---

[41] *Hegel, op. cit., p. 109.*

l'incarnation de la condition idéale de pillage, de la violence légale, de l'accaparement, par une oligarchie clanique et tribale, de tous les rouages de l'Etat. Ce système a longtemps promu des pseudos valeurs tels le mensonge, le vol, la fainéantise, la médiocrité, les atteintes aux droits des personnes et des peuples au détriment des authentiques valeurs que sont la liberté, la justice, la vérité, le bien, etc. Ce qui fait qu'à tous les niveaux de l'administration sont cultivés l'irresponsabilité, la démission collective, la flagornerie chez les subordonnés, et l'autoritarisme cassant ou condescendant chez les supérieurs hiérarchiques. Par ce fait, le pays atteint le niveau le plus bas de la déchéance politique et morale. C'est un système de terreur sadique où manque le souci d'objectivité et de vérité, donnant ainsi lieu aux arrestations et séquestrations arbitraires, et à la cruauté auprès de ceux qui détiennent le pouvoir, à la diffamation, à la lâcheté, à la trahison, du moins à l'indifférence fataliste, bref à tous les vices auprès du Centrafricain lambda.

En somme, le monopartisme expérimenté en Centrafrique réprimait toutes les libertés d'expression et d'opinions dans l'optique d'endiguer toute volonté de réflexion dans le pays, enfreignant par le fait les droits les plus élémentaires du Centrafricain. Par là, il est aisé de comprendre les conséquences d'un tel pouvoir. Le pays s'ensanglante au rythme des arrestations, procès loufoques et exécutions raccourcies. Cela intensifie le phénomène de « *la fuite de cerveau* ». Les intellectuels centrafricains indésirables dans le pays à cause de leur prise de position et accusés de subversion se voient obligés d'errer à travers le monde afin de fuir les affres de leur pays d'origine. Par voie de conséquence, l'unité nationale vacille et subit de rudes épreuves.

2. Le multipartisme et ses limites

Après ce constat amer que je viens de faire sur la gestion du pouvoir monopartiste que le Centrafrique a expérimenté, l'aspiration au multipartisme est la nouvelle forme pour espérer un meilleur destin du pays. Mais ce peuple Centrafricain dont les droits élémentaires ont été bafoués par les régimes monopartistes de la période postcoloniale aurait-il la chance d'être véritablement rétabli dans ses droits ?

Je veux, pour répondre à cette question, souligner d'emblée que le multipartisme n'est pas un système étranger en territoire centrafricain. Il y a existé depuis la période coloniale. Le *Centrafrique*[42] abritait déjà vers 1940 quelques partis politiques étrangers :

- le M.S.A (Mouvement Social Africain), parti social français représenté par KOBOKASSI ;

- le R.P.F (Rassemblement du Peuple Français) créé par De Gaulle et représenté par Marcel BELLA ;

- le R.D.A (Rassemblement Démocratique Afrique) du vieux Houphouët BOIGNY. Et pour contrarier ces partis, les frères DARLAN, Georges et Antoine avaient aussi créé en 1946 un parti Oubanguien, le M.R.D auquel Barthélémy BOGANDA va adhérer. Mais déçu à la fois par rapport à ces partis métropolitains et à leurs émanations africaines, il créera en septembre 1949 son propre parti le MESAN.

Après sa mort, le MESAN sera successivement pris en mains par DACKO et BOKASSA qui en feront un parti unique. Entre temps, avant que le MESAN ne soit décrété parti unique suite à l'adoption de la loi constitutionnelle du 18 novembre 1964, Abel GOUMBA avait également créé en

---

[42] L'ancien Oubangui-Chari.

juillet 1960 un autre parti : le MEDAC. Plus tard en 1981, à la fin du règne impérial, on a aussi vu DACKO organiser des élections pluralistes même si des irrégularités et fraudes y ont été enregistrées. Bref, la notion du multipartisme y était déjà en germe. Toutefois, ce n'est qu'en avril 1991 que le multipartisme est véritablement établi dans ce pays. Et cela est suivi d'une transformation des structures politiques, économiques, sociales et culturelles.

Au fond, ce système se définit essentiellement par la place importante qu'il accorde à la discussion publique et aux courants d'opinions dissemblables. S'opposant au monopartisme qui est antidémocratique et despotique, il privilégie les valeurs d'ouverture et de tolérance. De ce fait, on va voir la classe politique, dans les activités de délibération publique, chercher à se mettre d'accord sur des règles de jeu démocratique et sur certaines décisions fondamentales relatives au bon fonctionnement du pays sans pour autant éliminer ou escamoter des divergences d'opinions qui feront l'objet d'une négociation. Cette aspiration démocratique exprime l'aspiration à l'égalité, dans la liberté et la responsabilité pour tous de la chose publique. On note alors une volonté manifeste de réorganisation à travers de nouvelles formes d'intégration dans un espace vital organisé en commun.

Cependant, à la lumière des événements qu'a connu le pays depuis le coup d'Etat manqué de 2001 en passant par le parachutage de BOZIZE puis, celui de DJOTODIA à la tête du pays pour arriver à ce qui se passe sur le terrain au moment où je parle, je peux ne pas avoir l'outrecuidance de dire que les formations de certains partis politiques sont dépourvues d'idées et de programmes sérieux. Leurs leaders paraissent plus préoccupés par les postes à occuper dans tel ou tel gouvernement que par l'intérêt du peuple Centrafricain. La conquête et la conservation des postes juteux demeurent leur unique souci au mépris du projet de société. Le champ théorique de la politique centrafricaine est entièrement marqué par des discours démagogiques, mensongers, irrationnels et haineux. Le pouvoir pour le pouvoir demeure la finitude de la pratique politique.

Il est donc impérieux de leur rappeler qu'une Nation est comme une maison et on ne peut pas la bâtir sans plan. C'est toujours par rapport au projet initial de construction que l'on peut apprécier l'état d'avancement de sa maison. Et le développement des Nations européennes est intrinsèquement lié à la rationalité, c'est-à-dire à une certaine exigence de la méthode, de l'efficacité, de la prévision et de la planification. Ce que le peuple attend d'eux, c'est d'arrêter de fantasmer et de le leurrer ; qu'ils soient véridiques et pragmatiques. Le peuple a besoin d'une nouvelle culture : celle du développement intégral.

Par ailleurs, une analyse minutieuse de ces cinquante et huit (58) années d'indépendance de notre pays m'amène à dire que la souveraineté nationale brandie par l'Etat reste et demeure un mythe. Le pays n'a jamais été indépendant au sens noble du terme. Pour accéder au pouvoir ou bien pour sauvegarder une parcelle d'autorité, nos politicards, irresponsables qu'ils sont, n'hésitent pas à confier la gestion d'une partie des domaines de souveraineté aux conseillers étrangers : Français, Tchadiens, Béninois, Gabonais, Congolais pour ne citer que ceux-là qui dirigent de près ou de loin le pays à leur place. Ces partenaires obligés et tout-puissants viennent toujours nous imposer des traités d'assistance militaire, de coopération économique et scientifique et parfois décident souverainement de parachuter des troupes dans notre pays pour imposer le maintien des gouvernants qui font leurs affaires ou pour destituer ceux qui ne les agréent pas.

Pour conserver le pouvoir, ils acceptent des puissances économiques, d'hommes d'affaires et de leurs parrains des propositions qui s'opposent à leurs propres convictions, à la dignité humaine, à la volonté et à l'intérêt du peuple dont ils ont la responsabilité. Et ils prennent toujours la précaution de ne s'entourer que des compatriotes qu'ils peuvent manipuler à leur guise et qui sont toujours prêts à cautionner ces comportements irresponsables.

Un autre comportement irresponsable dans le système politique centrafricain qui mérite d'être mis à nu est la question de l'indépendance du pouvoir judiciaire et législatif. Les textes juridiques sont manipulés à volonté. A chaque fois qu'un besoin se fait sentir, les dirigeants ne respectent pas les principes généraux et fondamentaux qui devraient rester intangibles. De 1959 à 2018, le pays a connu huit (8) constitutions (1959, 1964, 1977, 1981, 1986, 1995, 2004 et 2015). Chaque personne qui arrive au pouvoir doit modifier la Constitution pour lui permettre de bien dominer le peuple et de s'éterniser au pouvoir. Notre démocratie se voit ainsi fragilisée. Comme conséquence, il y a une instabilité politique.

En outre, les présidents profitent toujours de leur statut de chef suprême de l'armée pour se l'approprier. Ce qui fait qu'il y a toujours amalgame entre militaires et politiciens. Tout est confondu. L'armée est politisée et instrumentalisée. Elle est toujours présente dans le jeu politique et malmène le peuple au lieu de le protéger. Rares sont les fois qu'elle joue le rôle désintéressé de garante de l'intégralité territoriale et de l'ordre constitutionnel. Chaque régime qui arrive, fait tout pour confier armes et munitions ainsi que les commandements des forces publiques aux ressortissants de son ethnie.

Sincèrement, je pense que c'est irresponsable pour une personne de prendre en otage toute une institution pour des fins personnelles ou pour l'intérêt d'un petit cercle vicieux. Cela dénote une inertie totale des partis politiques centrafricains. En effet, en Centrafrique les partis politiques dont la fonction générale est d'exercer le contrôle des mandats d'autorité, c'est-à-dire de rendre l'action politique conforme à des normes, ne jouent pas leur rôle. Beaucoup de partis ne s'intéressent aux préoccupations des populations que lorsqu'il y a des élections. Ce qui parfois pose la question de leur crédibilité au niveau aussi bien national qu'international.

Je conclus ma réflexion sur l'expérience centrafricaine du multipartisme en disant que ce système n'a pas pu résoudre de façon convenable nos problèmes (limiter l'appauvrissement matériel et contribuer à l'éducation des pauvres, grâce à la dynamique de l'organisation et de l'autogestion) bien que le développement par la participation à la base puisse être libérateur. Les valeurs politiques de ce système ne sont pas évidentes, car, souvent, elles se compromettent : les intérêts personnels l'emportent sur l'intérêt général.

Mais puisqu'il ne peut pas y avoir une institution humaine sans faille et vu les méfaits du centralisme outrancier, dictatorial, voire fascisant dans notre pays, je pense que c'est évident que le pluralisme soit le moindre mal. Dès lors, les responsables politiques doivent s'évertuer à améliorer les conditions de vie de populations, en priorité, les plus démunies et vulnérables. Ils doivent aider à créer des conditions permettant à tout un chacun d'épanouir ses facultés, de vivre dans la liberté et la dignité, et d'être en mesure d'assumer lui-même, par son travail et par ses initiatives, la couverture de ses besoins essentiels individuels et ceux des personnes qui sont sous sa responsabilité.

Après ce constat amer sur la vie politique en Centrafrique, je vais à présent tenter de parler de l'économie de notre pays.

Chapitre II
L'économie centrafricaine

Dans un contexte politique précaire drainant chaque jour son lot de victimes, le Centrafrique tente désespérément de relancer son économie, au moyen de réformes souvent annoncées depuis l'instauration de la démocratie. Mais entre le discours et la réalité, le décalage est considérable. Nombreux sont les blocages qui entravent la réalisation de ces réformes économiques : l'instabilité politique, l'instabilité institutionnelle, l'insécurité tant dans la capitale que dans l'arrière-pays, les frontières qui demeurent poreuses à tout genre de bandits, le flou qui subsiste dans la gestion économique de différents régimes successifs, les attitudes ultraconservatrices de certains dignitaires de ces régimes, etc. L'exploitation inorganisée de ses ressources naturelles et l'ignorance de la masse populaire ont contribué à intensifier la misère du peuple. A l'évidence, tous ces éléments concourent à retarder la mise en œuvre de ces réformes et, partant, à détourner du Centrafrique tous les investisseurs étrangers.

Je voudrais, dans ce chapitre, dans un premier temps, parler brièvement, des ressources naturelles de notre pays et, ensuite, aborder la question de la gestion de son économie.

1. Les ressources naturelles du Centrafrique

Le Centrafrique est un pays dont l'environnement physique extrêmement varié, offre plusieurs atouts économiques. C'est un « *pays de la corne d'abondance* »[43], « *un pays de cocagne où coulent le lait et le miel* »[44], pour reprendre ainsi les termes du Monseigneur François–Xavier YOMBADJE, évêque émérite de Bossangoa.

En effet, la première ressource du Centrafrique est l'agriculture. Elle est pratiquée par plus de trois quart (3/4) des Centrafricains. A côté de cultures vivrières, destinées à la consommation locale, existe une agriculture industrielle en pleine expansion : nous avons le café dans la Lobaye, la Sangha, la Basse-kotto et le Mbomou. Le tabac est dans le Haut-Mbomou, la Basse-kotto et la Haute-sangha. En zone de savane boisée ou herbeuse, on cultive le coton. Toutefois, la faiblesse des infrastructures et du soutien à la production, qui reste majoritairement extensive, limite très fortement les rendements, très inférieurs à ceux des pays voisins.

L'élevage, notamment bovin, la chasse, la pêche et le tourisme constituent une des principales ressources centrafricaines. Il y a des parcs nationaux et des réserves de fauves.

Grâce à ses immenses richesses du sous-sol, à ses forêts, ainsi qu'à ses importantes sources d'énergie, le Centrafrique est un pays aux grandes possibilités économiques : son sous-sol contient du diamant, de l'or, de l'uranium, du fer, du pétrole, du cuivre et du calcaire. Sa forêt renferme une densité remarquable de bois de valeur mis en exploitation. Elle fournit des grumes et des bois de sciage.

Mais le tissu industriel a souffert profondément des troubles militaro-politiques à répétition, et est aujourd'hui quasiment inexistant. Les industries développées sous le règne impérial

---

[43] F. X. YOMBANDJE, *L'histoire qui fait déborder la pensée* « *Kondo a assa si lot è* », Imprimerie Saint Paul, Bangui, 2008, P. 88.
[44] *Ibid.*, p. 89.

dans les années 1970 (industries agroalimentaires, manufactures de tissus, de chaussures, etc.) ont toutes disparu. Seule une production locale de bière et de transformation d'aluminium subsiste encore.

L'importance de ressources naturelles et de terres cultivables devraient permettre une implication du Centrafrique sur les marchés sous-régionaux, voire mondiaux. Malheureusement le pays fait face à un défi alimentaire qu'il doit relever en ce 21è siècle. Le Centrafrique présente le paradoxe de posséder d'importantes ressources naturelles et des espaces cultivables. Mais à l'instant où je parle, il a de la peine à relever son économie. Il a de plus en plus de mal à assurer sa subsistance. On note même une insécurité alimentaire. Dès lors, il s'avère logique de s'interroger sur la manière dont ces ressources sont exploitées et gérées. Est-ce qu'on le fait de façon responsable, c'est-à-dire rationnellement ?

2. L'organisation de la gestion de l'économie centrafricaine

Point n'est besoin d'une investigation durable pour se rendre compte des tares qui gangrènent aujourd'hui la société centrafricaine, faute d'une gestion honnête et rationnelle de ses ressources naturelles.

Tant sur le plan strictement politique que sur le plan socio-économique, le tableau peint est lamentable, voire ignoble. On constate partout la multiplication des grèves, le développement des mouvements, les exodes ruraux, la délinquance juvénile et même sénile, la prostitution, etc. Une analyse critique de cette situation met en relief un réel vide politique dans le pays. Les gouvernants, le plus souvent prévaricateurs et irresponsables, n'assument pas leurs fonctions comme cela est requis. La situation qui prévaut actuellement dans le pays est la suite logique de cet aventurisme politique.

Nonobstant ses grandes ressources minières et forestières et des grandes surfaces cultivables, le Centrafrique demeure un pays sous-développé pour la pure et simple raison que l'Etat n'agit toujours pas assez fermement pour donner l'exemple d'une gestion rigoureuse, saine et transparente des deniers publics, ni pour soutenir et promouvoir des citoyens honnêtes et travailleurs, ni pour défendre les leviers essentiels de tout développement national que sont la vitalité de la production, les investissements productifs et les échanges profitables au pays.

Des coutumes antinomiques à la culture du développement et à la promotion de l'homme ont été instaurées et provoquent un galvaudage des finances publiques : les demandes de financement qui ne correspondent à aucune ligne ou règle budgétaire, le versement direct, pour le compte de la présidence ou de sa famille, de sommes demandées à des rares entreprises publiques sans passer par le trésor les caisses d'avance pour des soi-disant missions de sécurité dont le bien-fondé est peu avéré ; les multiples missions injustifiées avec des délégations pléthoriques et dilapidatrices à l'étranger, etc.

Par ailleurs, l'exploitation minière se limite seulement à l'or, au diamant et à l'uranium. Il n'y a pas encore de recherches minières comme telles. Le peuple centrafricain maîtrise mal son sous-sol et, par ce fait, ne peut que se consoler des rares informations, parfois mensongères, que les grandes puissances mieux équipées veulent bien lui donner.

En sus de cela, le diamant qui aurait pu, depuis longtemps, constituer une importante source de recettes fiscales pour l'Etat, et soulager la misère du peuple Centrafricain, est devenu tristement célèbre dans le monde pour son très fort taux d'évasion frauduleuse. La production recensée dans le pays atteint à peine 500 000 carats par an, mais la production réelle est estimée au double environ. On note vraiment une économie de contrebande dans ce secteur. Des réseaux d'intérêts compromettant les hautes autorités du pays freinent tout effort d'assainissement de la filière. Tous les présidents centrafricains sont avant tout des « businessmen » : des exploitants de diamant qui entretiennent des relations disparates avec les desperados étrangers avec qui ils s'associent pour gruger le fisc, et appauvrir le pays dont ils ont la responsabilité.

Ces affairistes sont souvent accueillis en grande pompe, avec des voitures de la présidence, et présentés avec fierté au peuple centrafricain comme des potentiels « investisseurs » venant créer des emplois pour alléger sa souffrance. Logés parfois à la présidence ou dans les quelques rares grands hôtels de la capitale où ils vont mener une vie fastueuse, ils promettent monts et merveilles aux Centrafricains. Comme disent les Sénégalais, « Ndéké té yo ! »[45], à leur retour, ce qu'ils vont laisser comme investissements ne sera que des paperasses et des factures ahurissantes à la charge du trésor public. En sus de ce qu'ils lui volent, c'est encore le peuple centrafricain qui va payer ces factures.

Par ailleurs, il faut aussi dénoncer la déforestation furibonde perpétrée par des compagnies étrangères et indigènes de coupe du bois, munis de patentes en bonne et due forme. Puisque la corruption est quasiment institutionnalisée, les massacreurs de forêt centrafricaine, à l'instar des pilleurs de nos ressources minières, jouent sur du velours. Cela ne peut que favoriser l'avancée inexorable de la désertification. Le sud qui était réputé être une région de forêt dense a perdu

---

[45] Le terme « ndéké té yo » se traduit par hélas, dommage.

toute sa verdure d'antan à cause de l'exploitation irrégulière et excessive de ses arbres.

Il faut aussi dire que le Centrafricain n'est pas vraiment responsable. Il ne sait pas jauger la valeur de la richesse qu'il porte en lui et des biens dont il dispose dans une nature si luxuriante. Il passe tout son temps à des discussions saugrenues et stériles, à se plaindre, à demander aide et protection aux autres. Ceux-ci, faisant semblant de le secourir, s'enrichissent des biens dont il est comblé. Cela dénote chez nous un invincible complexe d'infériorité et une perpétuelle mentalité d'assistance qui est une marque d'immaturité et donc d'irresponsabilité. Cette mentalité mélancolique et puérile constitue l'un des véritables freins au progrès économique et social.

L'économie de notre pays trébuche parce qu'elle est trop dépendante du commerce extérieur. Or, ce dernier revêt un caractère substantiellement précaire. Elle a hérité la structure extravertie de la période coloniale. On produit seulement pour l'extérieur. Ainsi, les prix des produits importés des pays industrialisés sont constamment exorbitants alors que ceux de nos matières premières ne cessent de décroitre, voire de s'effondrer.

Au niveau national, c'est une minuscule oligarchie qui s'accapare de toute la richesse du pays, la transforme en un patrimoine familial ou clanique, et réduit ainsi l'immense majorité à la misère absolue. Par conséquent, les secteurs d'éducation et de santé sont paralysés par des grèves interminables et le peuple vit dans l'extrême pauvreté.

En définitive, je peux dire que la société centrafricaine est, à l'analyse, le champ de structures et organisations sociopolitiques qui font régner souvent le mensonge, la malhonnêteté et la médiocrité. Le Centrafricain manque de courage pour dénoncer l'injustice qui se manifeste à tous les niveaux de la vie sociale. Il subit passivement les dirigeants malhonnêtes, corrompus et insatiables qui font du bien public un bien privé. Dans ce pays saigné par les détournements frauduleux, mal géré et plus souvent opprimé, l'économie s'effondre, les populations s'enfoncent dans un état de pauvreté et de dénuement devenu insoutenable.

Dès lors, on est en droit de s'interroger : comment faire pour remédier à cette situation déplorable ? Cette inaptitude des Centrafricains à développer leur pays n'a-t-elle que des solutions strictement politiques et économiques ? Une issue métaphysique et juridique n'est-elle pas aussi à considérer ?

Troisième partie
De la responsabilité des Centrafricains

Toutes les analyses faites précédemment montrent explicitement que la crise qui frappe notre société est, au préalable, une crise de l'homme. Celle-ci se reflète sur toutes les dimensions (économique, sociale, culturelle, morale et spirituelle). Elle se traduit au plan sociopolitique par la désintégration des institutions sociales à laquelle est souvent lié l'effondrement des mécanismes de régulation.

En effet, au centre de la crise centrafricaine se pose incontestablement la question de l'homme centrafricain. Car c'est lui le facteur décisif du décollage et tant qu'il demeure otage de ses divers blocages psychologiques, rien ne pourrait être réalisé, malgré les assistances étrangères. Comme l'a dit Axelle KABOU, « *tout peuple est, en première et en dernière analyse, responsable de l'intégralité de son histoire sans exclusive...*[46] » Je pense avec elle que nous, Centrafricains, sommes les premiers responsables du développement de notre pays. C'est en nous-mêmes qu'il faut puiser les ressources indispensables pour le redémarrage.

Pour ce faire, j'entends, dans cette troisième et ultime partie de ma réflexion, suggérer des comportements à promouvoir en vue de rétablir la situation calamiteuse dans laquelle s'est engouffrée, notre Nation, que tous jugent de façon unanime, gravement affaiblie.

---

[46] Axelle KABOU, *op cit., p. 114.*

Chapitre I
La responsabilité des acteurs politiques

La deuxième partie de ma réflexion prouve à suffisance que l'Etat centrafricain a inévitablement besoin d'un nouveau souffle pour remplir convenablement sa responsabilité qui est d'assurer le bien commun aux Citoyens. Mais une pareille initiative exige que le pouvoir centrafricain se remette vraiment en question. En prenant conscience de ses déboires, l'Etat ne doit plus se focaliser uniquement sur une solution économico-politique en passant tout son temps à organiser des Forums et des colloques sur la réduction de la pauvreté qui, parfois, reviennent cher ou bien à emprunter constamment de l'argent auprès des institutions financières comme la Banque Mondiale, le FMI, des institutions sous régionales ou encore des pays amis pour ne rien faire.

1. L'exigence de la conscience nationale

Du latin « *cum-scire* », signifiant « savoir avec », la conscience peut signifier, dans un premier sens, la connaissance plus ou moins claire que chacun possède immédiatement de son existence, de ses états (affections, représentations), de ses actions et du monde extérieur. Dans le second sens, elle désigne le sentiment de soi-même, de son identité[47]. Du point de vue morale, elle se présente comme un jugement de la raison qui, au moment opportun, enjoint à

---

[47] Cf. *Dictionnaire de philosophie,* dirigé par Noëlla BARAQUIN, Editions Armand colin, Paris, 2000.

l'homme d'accomplir le bien en évitant le mal. Grâce à elle, la personne humaine perçoit la qualité morale d'un acte à accomplir ou déjà accompli, permettant d'en assurer la responsabilité[48].

Considérant ces trois acceptions, je peux alors définir la conscience nationale comme le sentiment, l'amour, la fierté que l'on a pour sa Patrie. C'est le souci que l'on a pour son peuple et pour son pays. Autrement dit, c'est le désir de servir et de faire promouvoir son peuple et sa Nation.

Mais l'exercice du pouvoir politique dans notre pays révèle, chez nos dirigeants, une absence du souci d'objectivité et de vérité liée au besoin de satisfaire vaille que vaille leurs intérêts égoïstes. On constate une incapacité notoire de l'Etat à se mettre au service du bien commun et à promouvoir le vivre ensemble.

Le pouvoir politique exercé tel que je l'ai décrit depuis 1960 jusqu'à nos jours, n'a pas encore permis à cette Nation d'aspirer à son mieux-être. Pour le politicien centrafricain, le pouvoir comporte ses propres penchants et ses récompenses : l'estime, le prestige, le plaisir de commander, d'avoir de l'influence, d'être connu au niveau international et la jouissance des prérogatives bassement matérielles.

Il faut donc impérativement interpeller nos dirigeants pour qu'ils assument pleinement leur responsabilité : mettre en place des structures favorisant la justice, la cohésion sociale, la paix et la solidarité ; favoriser le vivre ensemble des personnes et groupes qui constituent la Nation centrafricaine. Ils doivent agir avec désintéressement cherchant non pas leur propre plaisir, ni celui du cercle vicieux auquel ils appartiennent, ni celui de leur ethnie ou parti, mais le bien de

---

[48] Cf. *Catéchisme de l'Eglise Catholique, Nouvelle édition*, Cerf, Paris, 1998, article 6, n° 1777, p. 445.

tous et de chacun. Tous les partis politiques centrafricains sont également interpellés pour que, comme l'a dit le Président Thomas SANKARA, chaque parti « *joue son rôle de leader, de guide, d'élément d'avant-garde, qu'il conduise toute la révolution, qu'il soit intégré au sein des masses et que, pour cela, les éléments qui le composent soient des éléments sérieux, qui ont de l'ascendant et parviennent à convaincre, sans équivoque, par leur comportement*[49]. » Il faut que l'existence et toutes les actions des acteurs politiques aient un ancrage dans la vie quotidienne de leur peuple. Ils doivent savoir que leur épanouissement ne peut se réaliser que s'ils posent le problème de leur bien-être personnel en rapport avec celui de tous les membres de leur nation, comme l'ancien Président de regrettée mémoire Nelson MANDELA l'avait fait.

En réalité, un authentique homme d'Etat est celui-là qui estime que sa gloire consiste formellement en ce qu'il agisse au mieux pour les intérêts de ceux qui lui ont confié leur liberté. Nos acteurs politiques doivent également mobiliser, organiser et former politiquement le Centrafricain et lui donner une connaissance élevée des problèmes nationaux et internationaux relatifs à sa vie en l'amenant à participer de façon effective à résoudre ces problèmes. De ce fait, il faut qu'il ait conscience d'appartenir à cette nation.

A ce propos justement, le Président SANKARA conseillait également : « *Il faut prendre le temps d'écouter les gens, s'efforcer d'entrer dans les mieux, même ceux qui ne sont pas recommandables. Il faut maintenir des relations de tous genres, avec les jeunes, les vieux, les sportifs, les ouvriers, les grands intellectuels, les analphabètes. Vous recueillez une foule d'informations et d'idées. Ainsi donc, je pense que*

---

[49] Jean ZIEGLER et Jean Philippe RAPP, *SANKARA. Un nouveau pouvoir africain*, Editions Pierre-Marcel Favre, Paris, 1986, p. 87.

lorsqu'un dirigeant s'adresse à un public, il doit le faire de telle sorte que chacun se sente concerné[50]. » Ce que malheureusement nos dirigeants n'ont jamais fait. Il est donc grand temps qu'ils mettent en application ce conseil si sage de ce combattant de liberté, ce révolutionnaire africain avéré.

J'invite les dirigeants centrafricains à se rendre compte de la domination économique, politique et culturelle que nous subissons au niveau sous-régional et, partant, international. La détérioration croissante des clauses de l'échange et le phénomène de l'endettement qui s'accentuent au quotidien doivent être au centre de leurs réflexions et de leurs débats.

Par voie de conséquence, il faut qu'il y ait un partage de pouvoir. Le gouvernement doit gérer « *le pouvoir par le peuple et pour le peuple* ». Nul ne peut, quelle que soit sa valeur, se substituer à la volonté du peuple. Avant de se préoccuper de prestige international, les dirigeants doivent rechercher à contribuer à la construction du pays et à la défense du territoire national dont les frontières restent ouvertes tous, exposant ainsi le peuple à tout genre de danger. Leur grand défi, en ces temps, « *c'est de permettre à ce pays d'entrer dans le concert des nations, de nourrir ses enfants et de garder jalousement l'intégrité de son territoire.* »[51] Nous exigeons d'eux une nouvelle orientation politique.

Il incombe à nos dirigeants, en leur qualité de responsables, de nous apprendre à améliorer notre niveau de vie et à prendre en mains notre destin et celui de notre pays. Que chaque Centrafricain (homme et femme) ait le sentiment d'appartenir à cette nation. Car la connaissance de son appartenance à la nation dont on est originaire, dont on partage l'histoire, est fondamentale dans cette nouvelle

---

[50] *Ibid. p. 85.*
[51] F.X. YOMBANDJE, *op. cit, p. 154.*

attitude. C'est dans la société à laquelle on appartient qu'on doit se réaliser. Prendre conscience de son appartenance à un milieu, c'est participer à son histoire, c'est vouloir contribuer à son destin. C'est une pareille attitude qui pourrait valoir un engagement politique nouveau.

Enfin, pour sortir le Centrafrique de cette crise, nos dirigeants doivent savoir que l'heure n'est plus à se contenter seulement de faire plaisir à leur famille, leurs parents et amis, leur parti ou aux lobbies étrangers. Il leur faut obligatoirement assumer la quête du bonheur de la nation centrafricaine et évidemment celle du continent africain dont le Centrafrique est une entité. Le développement du Centrafrique requiert une rupture avec les pratiques antérieures du pouvoir et les mentalités rétrogrades de son peuple.

2. La moralisation de la vie politique centrafricaine

Ce titre résulte d'une inquiétude née face à la pratique de l'exercice du pouvoir à travers l'histoire de notre pays.

Comme j'ai eu à le dire, depuis notre indépendance, l'exercice du pouvoir politique semble être un espace donnant incessamment lieu aux intrigues, à la mauvaise foi, au vol, à la haine, etc. Que ce soit sous les régimes dictatoriaux ou sous les régimes considérés comme démocratiques, l'exercice du pouvoir demeure prisonnier de l'agir stratégique et est toujours perçu par le commun des citoyens comme une chose abjecte dont il est préférable de ne pas se mêler.

Certes, la politique en tant que pouvoir comporte le risque d'abus du fait que l'homme au pouvoir est intrinsèquement instinctif (porte aussi en lui les germes de l'animal), et cela peut parfois le conduire à poser des actes inhumains : tuer, utiliser la violence, etc. Mais pour que le pouvoir politique mène au bien, il doit être raisonnable, fondé sur la Morale. Par ces termes, j'entends un pouvoir qui cherche à concilier les exigences proprement politiques avec celles de l'universalité, autrement dit, un pouvoir qui favorise, par une meilleure maîtrise du jeu des forces sociales, la réalisation des conditions permettant de susciter une obéissance libre de la part des citoyens en contrepartie d'une existence communautaire fondée sur les valeurs de justice, de liberté et de la dignité de la personne humaine.

Il faut signaler que la démocratie tant prônée dans notre pays ne peut répondre à sa définition que si le pouvoir qui y est exercé a pour ambition la promotion d'une vie sociale communicationnelle où la discussion ouverte permet non seulement de transcender les conflits internes et externes, mais également de donner au peuple de vivre, grâce à la valorisation de son être-libre, une existence sensée. Cette préoccupation constante de la promotion et du respect des droits humains et des droits des peuples doit constituer le soubassement de toutes actions politiques.

C'est vraiment une urgence pour nos politiciens, à ce tournant de l'histoire de notre pays, de prendre du recul dans leur course acharnée du pouvoir, pour s'interroger sur leur option et action face à la destinée de leur peuple, au devenir de ces milliers de Centrafricains, hommes, femmes et enfants livrés à la misère, à la mort sous toutes ses formes. Ils doivent aujourd'hui passer du simple désir de bien-être et de recherche effrénée de solutions faciles à une vie de responsabilité morale. Car ce n'est que par la capacité de se saisir et d'insuffler une impulsion de responsabilité morale à sa vie que l'être humain peut se réaliser. C'est lorsqu'il accomplit ce qui lui permet de transposer le quotidien et de promouvoir sa personne et la société entière que l'homme peut prétendre exister véritablement.

En effet, l'importance de la morale pour le développement intégral du peuple centrafricain est indéniable. Aussi faut-il en recréer la conscience chez tous les citoyens pour qu'ils deviennent des hommes responsables. Nos dirigeants doivent savoir lier leur conduite à leur devoir. Qu'ils sachent reconnaître les obligations qui leur incombent à l'endroit du peuple suite à leurs engagements volontaires, et orienter alors leurs actes dans le sens de ces obligations.

La moralisation de la vie politique n'est rien d'autre que le fait de combattre toutes manifestations de la gestion irresponsable et destructrice du pouvoir public qui se manifeste par des arrestations arbitraires, des assassinats d'opposants, des emprisonnements injustifiés, l'expropriation de l'économie et des ressources du pays, l'instauration du règne de la terreur, la corruption, la privatisation et politisation des forces publiques, notamment de l'armée, le mensonge pour ne citer que cela, afin de se mettre au service de la liberté authentique, de la dignité humaine et d'une société centrafricaine juste, fraternelle et paisible.

Le milieu politique centrafricain, à l'analyse des faits, a incontestablement besoin d'une anthropologie politique. Il lui faut opérer une véritable refonte de certaines notions comme : « Homme », « Vie », « Communauté », « Dignité », « Liberté », « Démocratie », « Justice », « Droit » et « Devoir ». Bref, on ne peut pas bâtir une société humaine sans définir préalablement l'Homme, car c'est au tour de cette notion qu'un peuple est invité à déployer ses énergies.

Succinctement, il faut retenir que la responsabilité du dirigeant d'un pays est primordiale dans le processus du développement de son pays. Elle consiste à choisir les moyens et à les mettre en œuvre avec détermination. Quelle que soit la pertinence des plans d'action dans un pays, quelle que soit la perfection de leurs études, la décision de mise en chantier et de contrôle du suivi des programmes établis n'est pas de la compétence de l'administration ni des technocrates, mais relève plutôt de l'autorité dans le domaine du développement et traduit la responsabilité des acteurs politiques. Cette responsabilité se reconnaît dans la détermination de l'Etat à privilégier et à défendre, au profit de la Nation, tous les secteurs relatifs au développement, tels que l'éducation, la santé, la production, le commerce intérieur et extérieur, les communications, etc.

Chapitre II
La nécessité de l'éducation civique

Devrons-nous continuer comme cela à toujours jeter entièrement la responsabilité de notre malheur sur nos dirigeants et leurs souteneurs étrangers ? La responsabilité n'est-elle pas partagée ? Cette situation n'est-elle pas aussi créée par notre haine de justice, notre esprit d'indolence ou notre complicité en mettant en place et en entretenant des structures injustes ou en cautionnant des abus dans l'usage des structures existantes, tels que les fraudes fiscales, la corruption, la fuite des capitaux publics et privés ? Je pense qu'il serait injuste de dire que les pouvoirs politiques sont les seuls responsables de notre misère. Cette crise est également celle des intellectuels centrafricains, incapables d'ouvrir des voies nouvelles inspirées par les réalités originales et celle du peuple qui reste passif devant ces atrocités.

Il faut noter qu'il n'y a jamais eu des gouvernants sans peuple. C'est grâce au peuple qu'on peut parler des dirigeants. Ils sont appelés dirigeants parce qu'il y a l'existence d'un peuple qui leur a confié sa liberté. Je peux donc dire que c'est nous, Centrafricains qui faisons de nos dirigeants ce qu'ils sont. A l'irresponsabilité des leaders correspond toujours celle des élites intellectuelles et des masses. Aucun régime despotique et tyrannique même armé jusqu'aux dents ne peut régner durablement dans un Etat par son seul pouvoir de répression et de corruption. Seule la préexistence d'un terrain social et culturel favorable explique que de tels régimes puissent prendre racine et prospérer.

Evidemment, le peuple centrafricain a toujours adopté un comportement évasif devant les oppressions des régimes qui se succèdent. Il est habitué à subir passivement les âpres situations dans lesquelles ses bandits de dirigeants le mettent. Au lieu d'agir par une révolution populaire pour se faire entendre et respecter, il passe tout son temps à attendre une solution miracle venant du ciel. C'est parce qu'il ignore totalement ses droits et son devoir. Comme l'a dit la regrettée Maître Mame Bassine NIANG (première femme noire avocate au barreau de Dakar) dans son entretien avec Honoré DE SUMO, « *on ne peut pas confisquer pendant longtemps la revendication d'une multitude, surtout lorsqu'elle est action et idée. On n'emprisonne pas une idée. Comme un idéal, elle s'apparente à la fumée et finit par s'échapper à travers les portes et les fenêtres*[52]. » Nous devrons apprendre à agir pour dénoncer ces comportements de gestion arrogante, et de confiscation hautaine de la liberté d'expression et d'opinion promue par nos dirigeants pour les amener à respecter nos droits.

Il est judicieux de préciser que la participation citoyenne est, de nos jours, l'un des critères fondamentaux de bonne gouvernance. Il faut jouer pleinement son rôle de citoyen : s'intéresser aux affaires de la cité en exigeant la reddition des comptes aux gouvernants. Le peuple est le garant des choses publiques ; le pouvoir lui appartient qu'il en soit conscient ou pas. Le « *Printemps arabe* » au Maghreb, le mouvement du 23 juin 2011 au Sénégal et l'insurrection populaire d'octobre 2014 au Burkina Faso témoignent bien une volonté certaine de ces peuples à rompre avec la logique de l'impunité et de l'irresponsabilité. Cela devrait nous inspirer.

---

[52] Honoré DE SUMO, *MAME BASSINE NIANG, OMBRES ET LUMIERES sur un continent*, Les Editions Continentales, Dakar, 1997 p. 100.

A mon humble avis, le contexte présent exige de mettre l'accent sur la formation civique pour faire réhabiliter les valeurs d'unité nationale, d'amour de patrie, du respect mutuel, du respect de la loi, de paix, de civisme, du travail, de loyauté et de dévouement pour pouvoir faire participer tout le monde dans le processus du développement de notre cher et beau pays. L'éducation à la citoyenneté est urgente dans ce contexte où le manque de confiance aux politiques, la corruption, la mal gouvernance, le non-respect de l'environnement, l'exclusion et le déficit de contrôle citoyen dans la gestion des affaires publiques prennent chair.

1. La promotion de la conscience professionnelle et du respect des biens publics

Comme disait Jean Paul NGOUPANDE, « *presque partout le progrès se paye en efforts douloureux et en sacrifices consentis par une ou plusieurs générations qui acceptent de se consacrer à la préparation de l'avenir* »[53]. Je pense que le développement intégral du Centrafrique ne peut pas résulter seulement du seul travail de ses acteurs politiques. Tous les Centrafricains doivent s'y mettre. Que tous soient impliqués dans ce processus pour créer une nouvelle mentalité, une opinion publique éveillée, d'où la nécessité de la promotion de l'éducation civique en matière de droits et de devoirs humains, de la démocratie et de l'Etat de droit ainsi que du respect de légalité.

Il faut donc avoir l'outrecuidance de dénoncer fermement l'immobilisme d'un nombre pléthorique de fonctionnaires, l'absentéisme endémique, la corruption légalisée à tous les niveaux de l'appareil étatique et dont la douane, la police et la gendarmerie ne donnent qu'une image caricaturale et

---

[53] JP. NGOUPANDE, *Chronique de la crise centrafricaine 1996-1997, op cit, p. 12*

désagréable. Il faut également fustiger l'irresponsabilité, l'absence de conscience professionnelle, de dignité et de créativité qui constitue un blocage des rouages économiques nationales.

Franchement, c'est écœurant de voir des fonctionnaires ou des salariés passer tout leur temps de travail à bavarder, à parler de « la politique politicienne », à lire des journaux, à commenter des nouvelles sportives, à sortir du bureau pour aller se pavaner avec les petites lycéennes dans les « Ngandas »[54], sans se soucier des dossiers le plus souvent urgents et vitaux, « moisis » dans les tiroirs, des clients impatients dont des investisseurs potentiels, sans montrer la moindre préoccupation du bien commun ou du respect pour leur pays et qui, nonobstant cela, attendent la fin du mois pour toucher jovialement traitements et salaires aux dépens des paysans qu'ils exploitent et méprisent.

En réalité, notre malheur résulte du fait de ces irresponsables attitrés qui occupent des fonctions dont ils ne sont pas à la hauteur et qui grouillent dans l'administration en cautionnant l'arbitraire et la médiocrité. Il faut que le Centrafricain affronte courageusement de telles habitudes et combatte les injustices qu'elle comporte. Le développement nécessite des transformations audacieuses, profondément novatrices. On n'a plus besoin de faire partie d'un cercle sibyllin précis pour avoir part à une quelconque responsabilité dans notre pays. Faisons nôtre, cette philosophie populaire de « *l'homme qu'il faut à la place qu'il faut* ». Ainsi, aux postes clés, il nous faut des compatriotes matures, responsables, sages et prudents qui peuvent agir avec tact, diligence, dignité et perspicacité. Sans traîner les pas, il s'avère impératif d'entreprendre des réformes urgentes pour donner à ce pays et à ce peuple qui a tant souffert la possibilité de sortir de cette situation

---

[54] Les bars restaurants

calamiteuse. A chacun de jouer généreusement sa partition ; surtout ceux qui, par leur éducation, leur situation, leur pouvoir, ont de grandes possibilités d'action.

La cloche a sonné pour tous ceux qui, depuis des années, jouissent d'une parcelle d'autorité de bien vouloir clarifier leur conduite et leur attitude par rapport à cette crise tragique et persistante que connait notre pays : endettement chronique, mauvaise gestion des institutions publiques, dilapidation des deniers publics, etc. Seules la transparence et la vérité dans la gestion du bien commun permettront de mieux déterminer les responsabilités de chacun et de proposer des réformes adéquates, ajustées et nécessaires tant pour les institutions que pour les comportements des personnes physiques.

Par ailleurs, il faut dire, avec NJOH-MOUELLE, que « *nous demeurons faibles sur plusieurs fronts par manque d'organisation ; car c'est de là que vient la puissance dans le contexte de la vie moderne*[55]. » A dire vrai, l'organisation est une vertu que le Centrafricain doit songer à acquérir, car il faut procéder à un travail de recensement et d'exploitations des biens du pays pour les redistribuer systématiquement afin de garantir sa vitalité et sa prospérité. Que les biens du pays puissent profiter à tout le *corpus nationalis*.

« *Apprendre à s'organiser, c'est aussi s'initier à la démarche scientifique nécessaire à l'appréhension du monde moderne*[56] », disait également NJOH-MOUELLE. Nous devons donc préparer systématiquement l'avenir de notre pays en mettant de notre côté toutes les chances possibles et imaginables par le biais de la connaissance, de l'acquisition des techniques de bases nécessaires à notre souveraineté

---

[55] E. NJOH-MOUELLE, *Jalon II. L'Africanisme aujourd'hui*, Editions clé, Yaoundé, 1975, p.23.
[56] *Ibidem*

nationale. C'est vraiment le manque, du moins l'insuffisance de rationalité qui tue notre pays et qui le condamne au sous-développement. Il serait judicieux de travailler davantage et de façon plus rationnelle ; de faire notre autocritique et de réformer dans notre comportement ce qui contribue à la descente aux enfers de notre pays : malhonnêteté, médiocrité, paresse, peur de se démarquer des autres, haine, fuite dans l'alcool, dévergondage, incivisme, évasion fiscale, démission politique, etc.

Au plan politique, l'attitude civique radicale des acteurs en présence doit être celle des responsables sachant renoncer loyalement et sans réserve au mépris et à la mort des autres. Savoir par conséquent, partager droits et devoirs avec les partenaires sociaux et politiques. Une attitude qui doit, d'une part, impliquer la pratique raffinée des vertus démocratiques fondamentales permettant la construction d'une société en commun, et, d'autre part, exclure les pratiques antidémocratiques. Cette mentalité civique à instaurer faciliterait au bout du compte l'avènement d'un système social, économique et politique véritablement participatif et valablement représentatif dans la gestion du bien commun.

En définitive, retenons que notre situation actuelle est loin d'être une fatalité, mais un manque d'organisation qui profite à une minorité. Il nous suffit seulement de mettre en place des stratégies multiformes pour chercher des voies et moyens afin de mettre un terme à l'ancienne logique en instaurant une nouvelle à même de réhabiliter le Centrafricain dans toute sa dignité d'homme et de donner une place de choix à notre pays dans le concert des nations libres, prospères et respectées. Pour cela, nous devons être rationnels et logiques en nous-mêmes. Il nous faut d'abord une connaissance de nous-mêmes, puis poser la question de savoir clairement ce que nous voulons et ce que nous devons faire. Le développement et le progrès ne seront effectifs que grâce à nos efforts, notre sens de responsabilité, notre sérieux et notre aptitude à saisir la signification de l'évolution du monde dans lequel nous vivons. Chacun doit s'atteler à répondre aux défis de l'heure.

2. Le devoir du peuple

Je serais coupable de crime de lèse-majesté si je finissais ma réflexion sans dire un mot sur la responsabilité qui incombe au peuple centrafricain dans cette lutte pour faire sortir notre pays de l'embarras où il s'est engouffré. Car il a un rôle crucial à jouer. Il doit impérativement se considérer responsable pour relever de nombreux défis de l'heure afin d'entrer pleinement dans la mondialisation à laquelle tout peuple aspire.

Ainsi, je me vois dans l'obligation d'attirer son attention sur ses devoirs du citoyen. En réalité, quand on analyse de près comment vit ce peuple, on comprendra que le malheur de beaucoup est d'être dans l'ignorance de leurs devoirs. Cela est une entorse grave au processus du développement. Car le sous-développement qui part de l'ignorance de ses devoirs sociaux est pire que le sous-développement économique.

Le Centrafricain a aujourd'hui, comme premier devoir d'assurer un avenir vivable dans un espace satisfaisant. Il lui faut prendre des décisions incisives en vue de son bien-être et de son pays. C'est ici que se trouve le sens de sa responsabilité. Il ne faut pas verser dans le pessimisme en disant que notre cas est désespéré et notre destin déjà scellé.

Après avoir pris une conscience aiguë de notre retard, mais aussi de nos potentialités, il nous revient d'inculquer à tous et à chacun la notion du devoir social et le culte de travail. Ce devoir revient d'abord aux parents qui sont universellement reconnus comme responsables de leurs enfants et conjointement premiers éducateurs. Car c'est à eux que revient la charge de donner à l'enfant les notions préliminaires de bienséance qui lui permettront d'intégrer harmonieusement la vie en société. Comme disait J.P. NGOUPANDE, « *pour que l'homme prenne conscience du sérieux de la vie, pour que naisse le sens du devoir, il faut que chaque homme, individuellement, soit en mesure de répondre de ses actes : répondre d'abord et avant tout de sa propre vie, en sachant clairement ce qu'il faut faire et ne pas faire si on veut la préserver, répondre ensuite de sa famille, c'est-à-dire avant tout des enfants qu'on a pris la responsabilité de faire venir au monde ; répondre du travail qu'on vous a confié ; répondre du pouvoir dont l'on est investi*[57]. » En effet, quand on met un enfant au monde, on est supposé avoir une certaine maturité, autrement dit, on est déjà responsable. Dès lors, il faut assumer sa responsabilité : le nourrir, le soigner, l'éduquer, le loger, et le vêtir pour reprendre ainsi les cinq (5) verbes tant chers à notre Président fondateur M. l'Abbé Barthélémy BOGANDA. Mais force est de reconnaitre que beaucoup de parents centrafricains ont démissionné devant cette noble mission d'éducation. Comme conséquence, c'est ce comportement négatif des jeunes qui sape aujourd'hui la quiétude sociale hypothéquant ainsi l'avenir de notre pays.

Par ailleurs, l'école est le deuxième milieu privilégié où un enfant est préparé à assumer sa responsabilité à travers l'enseignement du travail aussi bien manuel qu'intellectuel. Les experts sont unanimes à reconnaitre aujourd'hui le rôle déterminant de l'instruction dans le processus du développement. Malheureusement encore pour nous, l'éducation est bafouée dans ce pays. L'enseignement supérieur n'existe pratiquement pas. Sur toute l'étendue du

---

[57] J.P. NGOUPANDE, *Racines historiques et culturelles de la crise africaine,* Op. cit, p. 47

territoire, nous n'avons qu'une seule université alors qu'ailleurs les universités pullulent. Cette université même construite à l'époque pour accueillir 400 à 500 étudiants, en accueille aujourd'hui plus de 13 milles. Cela doit nous révolter, car c'est un sérieux handicap pour le développement. Le développement est d'abord mental avant d'être économique. Et si on n'est pas mentalement développé, on ne peut non plus oser parler du développement économique. Car ce dernier est tributaire du premier.

Pour cette raison, l'Etat doit impérativement rendre l'enseignement primaire obligatoire, généraliser l'enseignement secondaire, et construire d'autres universités pour promouvoir l'enseignement supérieur ; motiver les bailleurs nationaux à investir dans ce secteur. Cependant, il ne suffit pas seulement de créer des écoles, encore faut-il que la qualité y soit. Au lieu que les professeurs continuent à venir en classe donner les *cours ex cathedra* et attendent que les élèves ou les étudiants leur rabâchent cela aux devoirs, il serait souhaitable qu'ils leur apprennent plutôt à réfléchir, à penser et à raisonner, car à l'heure actuelle notre société a besoin non seulement d'hommes instruits et érudits, mais aussi d'hommes qui pensent. Ainsi, il nous faut revoir notre système éducatif et veiller à la formation continuelle des enseignants et penser à préparer la relève. Il faut également extirper, par tous les moyens, notamment par une dénonciation courageuse et franche, les habitudes affreuses du favoritisme à motivations claniques ou sentimentales dans l'attribution des notes, dans l'admission aux examens et concours nationaux. Le commerce des épreuves d'examens officiels doit être aussi réprimé avec dernière rigueur, car de tels agissements ne peuvent que pervertir la jeunesse et l'entretenir dans l'irresponsabilité. Les parents et les enseignants doivent inculquer à leurs enfants, élèves et étudiants que la recherche des facilités, des plaisirs, *la loi de moindre effort* n'engendre que des citoyens médiocres. Pour réussir dans la vie, il faut opter pour *la loi de l'effort*, condition *sine qua non* de tout développement et de tout progrès.

En outre, vu que nous disposons de grandes surfaces inexploitables, il serait aussi souhaitable d'encourager les champs et ateliers scolaires, ainsi que l'initiative malencontreusement trop peu répandue, d'amener les élèves à assurer par eux-mêmes l'hygiène des locaux de leur formation.

En réalité, une jeunesse bien éduquée constitue une énorme potentialité pour le développement de son pays dès lors que l'on admet tous que la jeunesse est l'avenir du pays. Le président BOGANDA l'avait vite compris. C'est pourquoi il s'insurgeait contre la qualité de l'école durant l'époque coloniale. S'adressant à l'autorité de l'époque, il disait : « *Au lieu d'inculper à notre peuple la conscience professionnelle, au lieu de lui apprendre ses droits et ses obligations vis-à-vis du pays et de la société, vous avez préféré nous maintenir dans l'ignorance, de nous faire travailler à coups de chicottes, comme des bêtes de somme...*[58] » Ainsi, pour BOGANDA, l'éducation est d'une importance capitale dans la vie de l'homme. C'est un facteur clé de la dignité humaine. Selon sa vision des choses, qui est d'ailleurs universelle, l'homme a des besoins à satisfaire, un but à atteindre et des aspirations à faire épanouir. En cherchant à réaliser cela, il accomplit en même temps ses devoirs. Il n'atteindra cette double finalité que par la culture de son esprit et le développement de ses facultés qui le rendent mieux à même de comprendre les problèmes de son existence et les mystères de la vie, en d'autres termes de devenir véritablement responsable.

---

[58] Voir l'intervention du député BOGANDA au débat à l'A.T.O, session ordinaire du 22 avril 1954.

BOGANDA voit dans l'éducation une symbiose de trois composantes : morale, intellectuelle et sociale. A ce propos, il dira : « *par éducation bien comprise, j'entends celle dans laquelle l'élément intellectuel, l'élément politico-social et l'élément moral ou religieux s'enchevêtrent et marche pari passu pour rendre les hommes plus susceptibles de répondre pleinement à leur vocation propre et aux exigences du monde.[59]* » Comme je l'ai dit précédemment, je pense que nous devons revoir notre système éducatif. La situation actuelle exige qu'on donne à l'éducation une nouvelle valeur, une nouvelle orientation afin qu'elle forme de nouveaux types de Centrafricains qui sont capables de connaitre les vraies valeurs humaines, de les assimiler et qui s'insèrent harmonieusement et totalement dans la mouvance et la dynamique du peuple. En toute franchise, pour que nous puissions prendre l'envol, il nous faut au préalable nous imprégner des réalités propres à nous. Nous devons toujours partir de nos réalités socioculturelles pour penser le développement. Notre système éducatif doit d'abord prendre en compte nos réalités, mais elle ne doit pas non plus perdre de vue les réalités du monde moderne. Sinon, on sera totalement déboussolé et le développement auquel nous aspirons ne resterait qu'un mythe.

C'est nettement clair que si l'engagement ou la participation pour bâtir notre pays est un devoir, nous devons affirmer avec la même détermination et conviction que c'est un droit légitime auquel on ne peut exclure personne. On doit donc favoriser le droit de participation responsable des citoyens et leurs diverses organisations dans la vie de la nation.

Pour récapituler, je dirais que si nous voulons poursuivre la promotion spirituelle (intellectuelle) et matérielle de notre peuple, si nous sommes soucieux de son développement

---

[59] Barthélémy BOGANDA, Congrès National M.R.P, 14 mars 1947

intégral, il est impérieux de restaurer en son sein l'esprit de responsabilité. Ceux qui nous dirigent, doivent incarner les valeurs promues par la société. Ils doivent être des spécimens dont la vie doit apprendre au peuple la notion du bien commun. Le chef n'est pas un fonctionnaire qui travaille pour remplir ses poches, mais plutôt un juge et un père ayant l'obligation de veiller avant tout au bien commun, bien de tous et de chacun.

Le fondement du développement demeure la valorisation de la responsabilité et de l'initiative individuelle. Comme l'a dit l'ancien Président du Sénégal Me Abdoulaye WADE dans son adresse à la nation du 03 avril 2010, « *personne, en effet, ne fera à notre place ce que nous ne sommes pas disposés à faire pour nous-mêmes. Tous, ensembles, nous devons avoir la claire conscience qu'une dépendance économique prolongée nous mènera, à terme, à l'érosion de notre indépendance politique.* » Ceci dit, au lieu de prendre prétexte de l'irresponsabilité de nos dirigeants pour nous résigner à la médiocrité et d'attendre que la manne nous vienne du ciel, nous devons travailler sans relâche et avec acharnement. C'est la seule voie de sortir un jour de notre sous-développement mental, économique et social. Nous sommes les seuls responsables de notre destin. Pour que les solutions à nos maux ne continuent pas à être totalement prises en charge par les puissances occidentales ou par les organisations sous régionales qui nous dictent leur loi, travaillons à ce que le pays génère davantage un personnel politique alternatif, pour répondre, de façon tout à fait crédible et durable, aux exigences d'une bonne gouvernance, d'une bonne administration, d'un bon développement et d'une bonne démocratie sans violence et sans heurts.

Conclusion

Le Centrafrique est-il un pays « maudit » ? Ce « Centro-pessimisme » semble ne pas être démenti par les faits. Dans un monde qui se caractérise essentiellement par les échanges, l'amélioration de la qualité de vie, le progrès technologique dans un environnement concurrentiel et de partenariat gagnant-gagnant, le Centrafrique en est toujours à l'instabilité politique, à la gestion loufoque des biens publics, aux rebellions, aux guerres fratricides, aux mouvements des populations réfugiées ou exilés d'une ampleur telle que le peuple Centrafricain s'est senti humilié, profondément blessé dans son amour propre et sa dignité.

Loin de sombrer dans une lassitude qui ne ferait que suffoquer le pays, j'avais jugé plutôt judicieux de mener une investigation, à la suite bien évidemment d'éminents penseurs, afin de remonter la pente vers une existence véritablement humaine. C'est ainsi que j'ai longuement réfléchi sur la notion de responsabilité qui, à mon avis personnel, s'avère la clé de voûte que nous devons utiliser comme moyen pour une sortie de crise. Cette réflexion a montré que la responsabilité des Centrafricains pour le développement de leur pays se veut un défi à relever plus qu'une simple cogitation déconnectée de notre cadre spatio-temporel.

Dès lors, il sied d'en restituer les points saillants : dans la première partie de ma réflexion, j'ai tant soit peu abordé les définitions des concepts « responsabilité » et « développement ». Dans la seconde, j'ai présenté le pays et fait une analyse panoramique de la situation qui y prévaut depuis son accession à l'indépendance jusqu'à l'état actuel des choses. Dans cette partie, j'ai également fustigé les comportements irresponsables, rétrogrades et immoraux qui gangrènent le pays. Enfin, dans la troisième partie, j'ai interpellé le peuple centrafricain sans distinction sur le rôle qu'il doit jouer. Je lui ai fait comprendre qu'il est le premier protagoniste du développement de son pays. Alors, il doit changer de comportements. Il lui faut à présent réagir avec le sursaut de la dignité.

Parvenu ainsi aux termes de cette réflexion, je dis avec insistance que la notion de responsabilité est d'une importance cruciale pour une société comme la nôtre, complètement tributaire d'apports substantiels d'aides étrangères pour son fonctionnement.

Souvent, les périodes de crise sont des moments au cours desquels certaines valeurs vitales sont changées de tout au tout, remplacées ou dévalorisées ou encore survalorisées selon les conceptions et les contextes. C'est ce qui se passe actuellement en Centrafrique. La notion de responsabilité est l'une de celles qui, à cet instant, se trouvent délaissées ou dévalorisées. Il suffit seulement d'observer au quotidien cette société dans sa vie sociale, morale, politique et économique, pour s'en convaincre. Que ce soit au milieu familial ou professionnel, l'irresponsabilité est en train de s'imposer au détriment de la responsabilité qui s'émousse de plus en plus des consciences. Or, c'est une condition sine qua non pour tout développement. Et pour prétendre parler du développement, il faut que chacun se sente tant soit peu responsable face à ses engagements.

Le développement du Centrafrique doit aussi être intégral et durable. En d'autres termes, il doit être global, comprendre non seulement des aspects économiques et financiers, mais considérer toutes les dimensions humaines et toutes les couches sociales avec une vision particulière sur le sort des déshérités de la société. Il n'est durable que s'il satisfait « *les besoins du moment présent sans compromettre la capacité des générations suivantes à les satisfaire*[60]. » Il tient, par le fait, compte des réalités politico-économiques, sociales et environnementales qui, conjuguées entre elles, conduisent à une société plus prospère et plus juste, garantissant un réel épanouissement de tous sur une longue durée.

Mais après avoir analysé furtivement le panorama de tous les systèmes politiques tentés en Centrafrique depuis son indépendance jusqu'à présent, force est de constater que tous les dirigeants qui se sont succédé se sont contentés de gérer la situation héritée de la colonisation, en cherchant à satisfaire seulement leur soif du pouvoir sans se soucier du peuple. Conséquemment, le pays est aujourd'hui dans une situation précaire, une crise d'une extrême gravité.

Se disant dépassé, le peuple développe un complexe d'infériorité : il ne se fait plus confiance, ne croit pas à sa capacité créatrice et ne fait plus confiance à ses dirigeants : il se résigne. Ce complexe structural le situe en marge. Ce sont les oligarchies qui décident, réunissent ses ressources, qui répriment ou assistent de façon paternaliste. Ayant perdu sa vocation de sujet du développement, comme le voulait le Créateur, il accepte la domination et la dépendance économique. La misère engendrée par peur d'agir lui fait perdre la conscience de la dignité humaine, dégrade la noblesse intérieure, suscite la crainte et le découragement, favorise grandement la délinquance juvénile. L'ignorance de leurs devoirs citoyens conduit les jeunes à faire un usage erroné de leur liberté et crée ainsi tensions et confusions qui,

---

[60] BUNDTLAND, *Notre futur commun*, Rapport de la Commission Mondiale sur l'environnement et le développement, 1987.

à leur tour, engendrent des problèmes entre différents groupes ethniques et confessions religieuses qui ont toujours coexisté.

Cela amène à s'interroger dans quelle mesure le Centrafrique et le Centrafricain peuvent-ils juguler cette descente à l'enfer pour réintégrer l'économie mondiale ?

A l'issue de cette modeste réflexion, j'invite tous les Centrafricains sans restriction à jeter un regard rétrospectif afin de tirer les enseignements nécessaires pour déterminer convenablement les tâches révolutionnaires qui se posent à l'heure actuelle et dans le proche avenir.

Certes, l'édification d'une société débarrassée de tous les maux qui nous maintiennent dans cette situation de pauvreté et d'aération économique et culturelle ne sera pas une mince entreprise. Mais nous devons savoir que nous ne sommes pas les premiers au monde à être confrontés à une telle impasse. L'histoire est jalonnée d'exemples des situations critiques, parfois pires que la nôtre, mais qui ont fini par être surmontées grâce à une même démarche dont l'articulation est toujours pareille : prise de conscience de l'impasse par les hommes, réflexion nationale sur les racines profondes du mal au travers de l'histoire de la communauté en question, engagement individuel et collectif, détermination, etc.

Il est donc évident que nous suivions cette logique. Nous ne trouverons de solutions à notre problème que par le moyen des efforts soutenus à long terme, d'une gestion rigoureuse et parcimonieuse, de la transparence, de la libération des énergies, de la promotion de la liberté et de la responsabilité, du rétablissement de la confiance grâce à la sécurité et une justice rendue dans le cadre d'un Etat de droit, impartial, compétent et efficace. Comme le disait P. BOURDIEU, « *La condition sine qua non de tout décollage et progrès économique est liée à la volonté farouche de tout un peuple et non point du seul appareil étatique. Et pour que naisse cette volonté, il ne faut rien de moins que la conversion radicale de sa mentalité ancestrale et l'arrachement volontariste à tout ce qui, dans son approche du monde, constitue un frein et une pesanteur »*[61]. Pour boucler ma réflexion, je vais paraphraser Maitre Mame Bassine NIANG en disant que le peuple centrafricain doit impérativement s'atteler à exécuter une réforme culturelle de fond avec le mental de gagneur à toutes situations. Il n'y a pas de batailles qui vaillent que celles qui feront du peuple centrafricain, un peuple responsable, libre, uni et prospère.

---

[61] P. BOURDIEU, cité par HEBGA Meirad, *Afrique de la raison, Afrique de la foi,* Paris, Karthala, 1995, p. 79.

Bibliographie

A. Ouvrages généraux

- DE SUMO, (Honoré), *MAME BASSINE NIANG, OMBRES ET LUMIERES sur un continent,* les Editions continentales, Dakar, 1997.
- EBOUSSI BOULAGA, (Fabien), *La crise de Muntu,* Authenticité Africaine et Philosophie, Edit. Présence Africaine, Paris, 1977.
- HANS, (Jonas) *Le principe de responsabilité,* Cerf, Paris, 1990.
- HEBGA, (Meirad P.), *Afrique de la raison Afrique de la foi,* Editions Karthala, Paris 1995.
- HEGEL, (Friedrich), *La raison dans l'histoire,* Editions 10/18, Paris, 1998.
- KABOU, (Axelle) *Et si l'Afrique refusait le développement*? L'Harmattan, Paris, 1992.
- NGOUPANDE, (Jean-Paul),
    - *Chronique de la crise centrafricaine de 1996-1997 (Le syndrome Barracuda*), L'Harmattan, Paris, 1997.
    - *Racines historiques et culturelles de la crise africaine,* Ad éditions et éditions du Pharaon, Cotonou, 1994.
- NJOH-MOUELLE, (Ebenezer), Jalon II. L'Africanisme aujourd'hui, Editions clé, Yaoundé, 1975.
- Paul VI, *Populorum progressio,* Editions de Centurion, Paris, 1967.
- RUBY, (Christian), *Histoire de la philosophie,* Editions La Découverte, Paris, 2004.

- ➤ Saint Thomas, *Somme théologique, l'essence et l'existence en Dieu.* Edition numérique : Bibliothèque de l'édition du Cerf, Paris 1984
- ➤ TOWA, (Marcien) *Essai sur la problématique philosophique dans l'Afrique actuelle,* (3è édition) Editions clé, Yaoundé, 1981.
- ➤ WADE, (Abdoulaye), *Un destin pour l'Afrique,* Edition Michel Lafon, Paris, 2006.
- ➤ YOMBANDJE, (François-Xavier), *L'histoire qui fait déborder la pensée.* « *Kondo a assa si lo tè* », Imprimerie Saint Paul, Bangui, 2008.
- ➤ ZIEGLER, (Jean) & RAPP, (Jean-Philippe), *SANKARA un nouveau pouvoir africain*, Editions Pierre-Marcel Favre, Paris, 1986.

B. Revues, Articles, Journaux et Discours

- ➤ BOGANDA, (Barthélémy),
  - o le débat à l'A.T.O, session ordinaire du 22 avril 1954.
  - o discours du 03 février, Bangui, 1958.
- ➤ BRUNDTLAND, *Notre futur commun,* Rapport de la Commission Mondiale sur l'environnement et le développement, 1987.
- ➤ Congrès National M.P.R, mars 1947.
- ➤ Constitution du Centrafrique du 28 novembre 1986.
- ➤ La responsabilité du philosophe africain, Actes du IXe séminaire scientifique de la philosophie, Kinshasa.

C. Dictionnaires, Encyclopédies

- ➤ BARAQUIN, (Noella), et alii, Dictionnaire de philosophie, Armand Colin, Paris, 2000.
- ➤ *Catéchisme de l'Eglise Catholique, Nouvelle édition*, Cerf, Paris, 1998.
- ➤ Grand dictionnaire encyclopédique Larousse tome 3, Jean-Didier, Paris, 1982.
- ➤ *La Bible de Jérusalem,* Cerf, Paris 2001.

- *Le Grand Gaffiot, Dictionnaire Latin-Français,* Hachette-Livre, Paris, 2000.
- RUSS, (Jacqueline), Dictionnaire de philosophie, Bordas, Paris, 1991.

Table des matières

Sommaire 9
Préface 11
Remerciements 13
Introduction 15

Première partie
approche définitionnelle

Chapitre I
La responsabilité 21
   1. Essai de définition 21
   2. Fondement métaphysique de la responsabilité 26
Chapitre II
Le développement 33
   1. Ce qu'est le développement 33
   2. Les conditions d'un développement intégral 35

Deuxième partie Présentation du Centrafrique
et analyse critique de la situation actuelle

Chapitre I
Vie politique 61
   1. Le monopartisme et ses conséquences 61
   2. Le multipartisme et ses limites 65

Chapitre II
L'économie centrafricaine 71
   1. Les ressources naturelles du Centrafrique 71
   2. L'organisation de la gestion
   de l'économie centrafricaine 73

Troisième partie
De la responsabilité des centrafricains

Chapitre I
La responsabilité des acteurs politiques 81
   1. L'exigence de la conscience nationale 81
   2. La moralisation de la vie politique centrafricaine 85

Chapitre II
La nécessité de l'éducation civique 89
   1. La promotion de la conscience professionnelle
   et du respect des biens publics 91
   2. Le devoir du peuple 95

Conclusion 101

Bibliographie 107
   A. Ouvrages généraux 107
   B. Revues, Articles, Journaux et Discours 108
   C. Dictionnaires, Encyclopédies 108

RÉPUBLIQUE CENTRAFRICAINE
AUX ÉDITIONS L'HARMATTAN

Dernières parutions

LA CENTRAFRICANITÉ, ANTIDOTE DE LA CRISE
Clotaire Saulet Surungba
Préface d'Adolphe Pakoua
Le néologisme'centrafricanité' rebute certains et, après avoir démontré avec méthode et conviction que ce concept est plutôt intégratif dans le contexte actuel de la République centrafricaine en quête d'unité et de paix, l'auteur fait entendre son amour profond pour son pays d'origine, d'abord en prose, sur tous les aspects de la vie d'une nation, puis par le truchement d'une pièce de théâtre, sur la nécessité d'avoir un citoyen de type nouveau grâce à un système d'éducation et de formation adapté aux réalités nationales.
(Coll. Points de vue, 100 p., 12,5 euros)
ISBN : 978-2-343-15832-7, EAN EBOOK : 9782140101786

BARTHÉLÉMY BOGANDA
Héritage et vision
Victor Bissengue, Prosper Indo
Préface de Monseigneur Joachim N'Dayen
L'histoire est écrite par les vainqueurs, dit l'adage. La colonisation et la décolonisation sont donc présentées comme une oeuvre civilisationnelle. Pourtant, si les premiers explorateurs furent des esprits libres et éclairés, la suite fut une expédition sanglante et mortifère, dans le contexte particulier de la IIIè république française, provoquant "méfiance et haine envers l'occupant". Barthélémy Boganda fut l'un des hérauts de cette lutte, le dernier, en ce qui concerne l'Oubangui-Chari, qui donna naissance à la République Centrafricaine.
(194 p., 20 euros)
ISBN : 978-2-343-15579-1, EAN EBOOK : 9782140097850

LE DROIT MARITIME DANS LA ZONE CEMAC
Eric Dibas-Franck
Volontairement limité au Droit maritime dans la communauté économique et monétaire de l'Afrique centrale (CEMAC), cet ouvrage a pour ambition de faire le point sur la construction du droit maritime dans cette zone en scrutant le Code communautaire de la marine marchande. Les grands problèmes contemporains du Droit maritime comparé ou international y trouvent des réponses précises. Le livre est également enrichi d'une jurisprudence inédite.
(Coll. Affaires maritimes et Transports, 258 p., 26 euros)
ISBN : 978-2-343-14948-6, EAN EBOOK : 9782140096082

CHRONIQUES NÈGRES
Pour l'amour d'Alpha
Soutongnoma Wilfried Denis Simporé
Située au coeur de l'Afrique, la Centrafrique renoue avec la paix après une décennie de guerre civile opposant chrétiens et musulmans. Un concert géant de réconciliation et de distinctions avec la superstar Alpha Blondy en présence du nouveau chef de l'Etat, le premier président blanc du continent, permettra dans la féérie festive de poser les bases nouvelles d'une solide unité nationale. A travers une fiction romantique typiquement africaine, l'auteur nous introduit dans la passion d'un couple de jeunes Banguissois que tout unit; le temps, l'amour, l'ambition mais aussi les doutes...
(Coll. Harmattan Burkina Faso, 178 p., 18 euros)
ISBN : 978-2-343-15482-4, EAN EBOOK : 9782140096815

L'ÉVOLUTION CONSTITUTIONNELLE ET JURIDICTIONNELLE DE LA RÉPUBLIQUE CENTRAFRICAINE À TRAVERS LES TEXTES
Danièle Darlan
Préface de Jean-Dominique Penel
Ce livre offre une synthèse claire et indispensable à toute personne qui veut comprendre comment se sont élaborées et modifiées les sept institutions successives de la République centrafricaine depuis l'indépendance en 1960 jusqu'en 2017 et comment, dans le même temps, les institutions judiciaires se sont façonnées et enrichies, du moins au niveau des textes, car l'application, pourtant logiquement nécessaire, de la Justice pose encore bien des problèmes.
(Coll. Études africaines, 174 p., 18,5 euros)
ISBN : 978-2-343-15418-3, EAN EBOOK : 9782140096358

LA NATION CENTRAFRICAINE ET LES RÉCIFS
Crépin Mboli-Goumba
Depuis pratiquement cinq ans, la République centrafricaine est prise dans une spirale de violence sans fin. La crise, à l'origine politique, a été transformée en affrontement interconfessionnel. Pour la première fois, un acteur majeur de la scène politique centrafricaine brise le silence et relate les faits tels qu'il les a vécus. Pour lui, si les centrafricains sont en plein chaos, c'est parce qu'ils ont manqué de vision et ont laissé l'ignorance prospérer. Or, l'ignorance, qui est repli sur soi, haine de l'autre, peur de la différence, ne peut permettre de former une vraie nation.
(300 p., 29 euros)
ISBN : 978-2-343-14518-1, EAN EBOOK : 9782140092428

LE DÉSARMEMENT DES GROUPES ARMÉS EN CENTRAFRIQUE
Charles Lasserre Yakite
En République Centrafricaine, pour sortir de la crise, il faut prendre en compte le programme de désarmement, démobilisation, réintégration et rapatriement (DDRR) qui permet de contribuer à la stabilité, à la sécurité et au relèvement du pays. La signature de l'accord sur les principes du DDRR entre le gouvernement et 14 groupes armés lors du forum de la Paix de Bangui en mai 2015 met peu à peu un terme à la lutte armée comme moyen de revendication politique.
(Coll. Les Impliqués, 106 p., 13 euros)
ISBN : 978-2-343-13945-6, EAN EBOOK : 9782140088742

Structures éditoriales du groupe L'Harmattan

L'Harmattan Italie
Via degli Artisti, 15
10124 Torino
harmattan.italia@gmail.com

L'Harmattan Hongrie
Kossuth l. u. 14-16.
1053 Budapest
harmattan@harmattan.hu

L'Harmattan Sénégal
10 VDN en face Mermoz
BP 45034 Dakar-Fann
senharmattan@gmail.com

L'Harmattan Mali
Sirakoro-Meguetana V31
Bamako
syllaka@yahoo.fr

L'Harmattan Cameroun
TSINGA/FECAFOOT
BP 11486 Yaoundé
inkoukam@gmail.com

L'Harmattan Togo
Djidjole – Lomé
Maison Amela
face EPP BATOME
ddamela@aol.com

L'Harmattan Burkina Faso
Achille Somé – tengnule@hotmail.fr

L'Harmattan Côte d'Ivoire
Résidence Karl – Cité des Arts
Abidjan-Cocody
03 BP 1588 Abidjan
espace_harmattan.ci@hotmail.fr

L'Harmattan Guinée
Almamya, rue KA 028 OKB Agency
BP 3470 Conakry
harmattanguinee@yahoo.fr

L'Harmattan Algérie
22, rue Moulay-Mohamed
31000 Oran
info2@harmattan-algerie.com

L'Harmattan RDC
185, avenue Nyangwe
Commune de Lingwala – Kinshasa
matangilamusadila@yahoo.fr

L'Harmattan Maroc
5, rue Ferrane-Kouicha, Talaâ-Elkbira
Chrableyine, Fès-Médine
30000 Fès
harmattan.maroc@gmail.com

L'Harmattan Congo
67, boulevard Denis-Sassou-N'Guesso
BP 2874 Brazzaville
harmattan.congo@yahoo.fr

Nos librairies en France

Librairie internationale
16, rue des Écoles – 75005 Paris
librairie.internationale@harmattan.fr
01 40 46 79 11
www.librairieharmattan.com

Lib. sciences humaines & histoire
21, rue des Écoles – 75005 Paris
librairie.sh@harmattan.fr
01 46 34 13 71
www.librairieharmattansh.com

Librairie l'Espace Harmattan
21 bis, rue des Écoles – 75005 Paris
librairie.espace@harmattan.fr
01 43 29 49 42

Lib. Méditerranée & Moyen-Orient
7, rue des Carmes – 75005 Paris
librairie.mediterranee@harmattan.fr
01 43 29 71 15

Librairie Le Lucernaire
53, rue Notre-Dame-des-Champs – 75006 Paris
librairie@lucernaire.fr
01 42 22 67 13